Alles, was du in der SCHULE nicht lernst

65 superwichtige Fähigkeiten, die du beherrschen solltest, bevor du erwachsen bist

Aus dem Englischen von Melanie Schirdewahn

CATHERINE NEWMAN

YES

2. Auflage 2023
© 2023 by Yes Publishing – Pascale Breitenstein & Oliver Kuhn GbR
Türkenstraße 89, 80799 München
info@yes-publishing.de
Alle Rechte vorbehalten.

Die englische Originalausgabe erschien 2020 bei Storey Publishing unter dem Titel *How to Be a Person: 65 Hugely Useful, Super-Important Skills to Learn before You're Grown Up*. Illustrationen by © Debbie Fong. Text © 2020 by Catherine Newman. This edition published by arrangement with Storey Publishing, an imprint of Workman Publishing Co., Inc., a subsidiary of Hachette Book Group, Inc., New York, USA.
All rights reserved.

Übersetzung: Melanie Schirdewahn
Redaktion: Katharina Diestelmeier
Umschlaggestaltung: Ivan Kurylenko (hortasar covers)
Layout: Alethea Morrison
Satz: Tobias Prießner
Druck: Florjancic Tisk d.o.o., Slowenien
Printed in the EU

ISBN Print 978-3-96905-215-0
ISBN E-Book (EPUB, Mobi) 978-3-96905-217-4
ISBN E-Book (PDF) 978-3-96905-216-7

Für Ben und Birdy und alle anderen, die sich von ihrer besten Seite zeigen möchten. Rettung naht!
Catherine

Für Allistair, Murry und Cooper
Debbie

INHALT

ANDERE LEBEWESEN
Sich kümmern: um andere Menschen, Tiere und Pflanzen . . 9

DU HAST GUT REDEN!
So triffst du bei anderen den richtigen Ton 33

WEG MIT DEM DRECK
So hältst du bei dir zu Hause alles in Schuss 55

DAS LEIBLICHE WOHL
So wirst du ein echter Küchenprofi 79

MIT ALLEN WASSERN GEWASCHEN
Richtige Reinigung und Pflege deiner Kleidung 101

CASH, FLOCKEN UND ASCHE

NÜTZLICHE LIFE SKILLS

ZEIG DICH VON DEINER BESTEN SEITE

Keine Angst, wir wollen dich nicht in einen Mini-Erwachsenen verwandeln! Du sollst jetzt nicht mit einer Aktentasche rumlaufen oder dich unters Waschbecken quetschen, um ein neues Abflussrohr zu installieren. ABER: Dinge selbst in die Hand zu nehmen, stärkt das Selbstvertrauen und hat den Nebeneffekt, dass es nicht nur dich, sondern auch andere Menschen (und Tiere und Pflanzen) um dich herum glücklich macht. Einige Skills aus diesem Buch beherrschst du bestimmt schon (gut für dich), aber auch alle anderen sind für dich sofort umsetzbar und extrem nützlich. Du wirst sehen: Es fühlt sich unglaublich gut an, etwas Sinnvolles zu tun und dafür Anerkennung zu bekommen.

Eine Sache vorweg: Vermutlich hast du dir dieses Buch nicht selbst ausgesucht. Wahrscheinlich haben es dir Erwachsene geschenkt, möglicherweise mit einem breiten Grinsen im Gesicht. Das heißt aber nicht, dass dieses Buch gleich auf dem Müll landen muss. Gib ihm eine Chance, denn viele Dinge, die man vielleicht erst als lästige Pflicht empfindet, können sich als echte Bereicherung herausstellen. Wenn du unterschiedlichste Aufgaben freiwillig und eigenständig übernehmen kannst – und nicht durch permanentes Nerven von deinen Eltern dazu getrieben wirst –, ist das ein echter Booster fürs Selbstbewusstsein.

Und noch was! Wenn du andere fragst: »Kann ich dir helfen?«, zeigst du dich von deiner besten Seite. Und mit diesem Buch in der Hand musst du außerdem nie wieder kleinlaut sagen: »Ich weiß gar nicht, wie das geht!«

Hinweis: Wenn du bestimmte körperliche, geistige oder neurologische Einschränkungen hast, musst du die Tipps in diesem Buch vielleicht an der einen oder anderen Stelle an deine persönlichen Bedürfnisse und Möglichkeiten anpassen.

Catherine

ANDERE LEBEWESEN

Sich kümmern: um andere Menschen, Tiere und Pflanzen

Um anderen ein gutes Gefühl zu geben, braucht man oft gar nicht viel zu tun. Ein Lächeln oder ein nettes Wort reichen schon. Es gibt aber auch Situationen, in denen deine aktive Hilfe gefragt ist. Hier kommen ein paar Beispiele.

SO GEHT'S
KRANKE MENSCHEN AUFMUNTERN

Wenn bei dir zu Hause jemand krank ist, solltest du ihn ein bisschen verwöhnen und ihm zum Beispiel eine Tasse Tee oder eine stärkende Suppe bringen. Du kannst der Person auch einfach Gesellschaft leisten und zusammen mit ihr fernsehen, ein Kreuzworträtsel lösen oder alte Fotos angucken.

Wenn ein Freund oder eine Freundin krank ist, kannst du ihn oder sie besuchen* und Blumen oder eine Zeitschrift mitbringen oder eine Postkarte schreiben.

Falls jemand aus deiner Schule schon länger krank ist, könnten alle aus der Klasse eine Genesungskarte schreiben, und du könntest sie gesammelt in einem großen Umschlag verschicken.

*Wasch dir vorher und nachher die Hände, um dich selbst und andere nicht anzustecken!

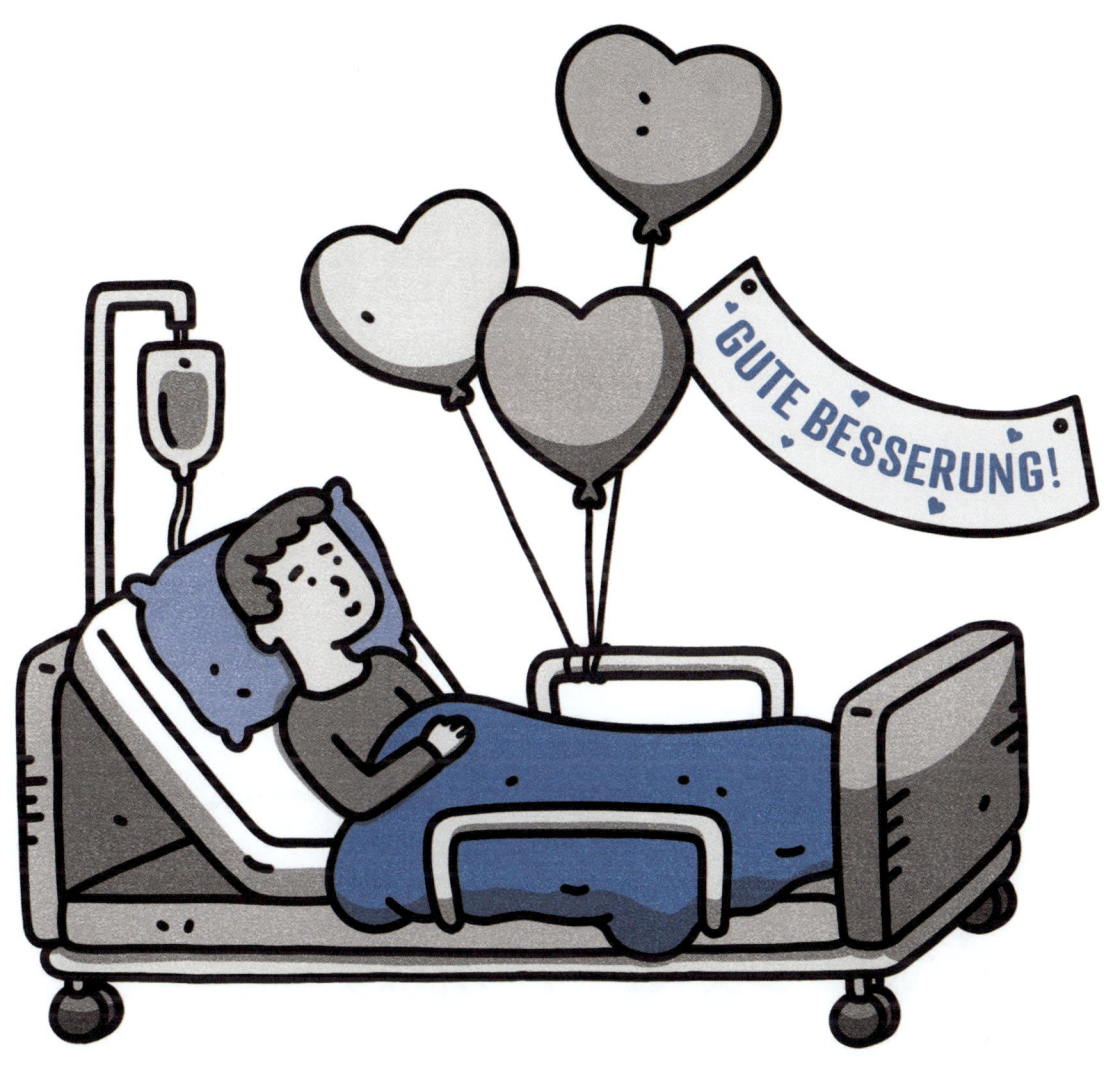

Mit dir geht die Sonne auf!

Wenn du jemanden im Krankenhaus besuchst, ist es eine gute Idee, eine selbst gebastelte Karte oder ein »Gute Besserung«-Spruchband mitzubringen, das man über dem Bett aufhängen kann.

Ja, Krankenhäuser können etwas beängstigend sein, aber du musst ja nicht lange bleiben. Und vergiss nicht: Trotz merkwürdiger Schläuche und Krankenhausgeruch ist der Mensch immer noch derselbe!

SO GEHT'S
ÄLTEREN LEUTEN FREUDE SCHENKEN

Um Älteren eine Freude zu machen, genügt eigentlich schon deine bloße Anwesenheit! Du könntest aber auch vorschlagen, irgendein Spiel zu spielen (vielleicht zeigen sie dir auch ein Spiel, von dem du noch nie was gehört hast!), zu puzzeln oder etwas vorzulesen, falls sie das mögen.

WIE WÄR'S MIT EINER PARTIE SCHNIPP-SCHNAPP-SCHNURR?

Du kannst gut mit
Nagellack umgehen?
Dann biete eine
Maniküre an!

Du spielst ein Instrument, kannst
Zaubertricks oder gut Witze
erzählen? Dann hast du in älteren
Leuten ein dankbares Publikum
und wirst dich wie ein STAR fühlen.

SO GEHT'S
AUF EIN KLEINKIND ODER BABY AUFPASSEN

Du hast ein neues Geschwisterchen oder bei euch ist gerade ein Baby zu Besuch? Dann ist es wichtig, zu wissen, wie man mit diesem kleinen Wesen richtig umgeht!

* Sei vorsichtig und liebevoll. Babys brauchen manchmal etwas Zeit, um ihre Scheu vor dir zu verlieren.

* Frag einen Erwachsenen, wie man ein Baby richtig hält, was das Baby mag und ob es Spielzeug für das Baby gibt. Wenn du gerne beim Füttern oder Baden helfen möchtest, dann frag einfach!

* Reg dich nicht auf, falls das Kind dich bekleckert. Babys haben noch nicht so viel Kontrolle, sie können nichts dafür.

* Pass dich an die Art und Weise an, wie das Baby oder Kleinkind spielen will. Oft macht es ihnen Spaß, Türme aus Bauklötzen zu bauen und wieder umzuwerfen. Sie lieben es auch, wenn man mit ihnen immer und immer wieder dasselbe Bilderbuch anschaut. Hab Geduld!

* Frag einen Erwachsenen, welche Dinge gefährlich sein könnten und worauf du achten musst, zum Beispiel Verschlucken von Sachen, Steckdosen oder Allergien.

* Bitte um Hilfe, wenn du sie brauchst.

Falls du Lust zum **Babysitten** hast, solltest du am besten **erst mal üben**, allein mit dem Baby zu sein, während die Eltern noch irgendwo im Haus sind und zur Not einspringen können. Sobald du genug Erfahrung gesammelt hast, steht dem Babysitten nichts mehr im Weg.

SO GEHT'S
ANDEREN (UND DIR SELBST) BEIM EINSCHLAFEN HELFEN

Viele Menschen können nicht gut einschlafen – große Kinder, kleine Kinder, Alte und Leute, die innerlich sehr rastlos sind. Es gibt aber ein paar Dinge, die das Einschlafen erleichtern können.

Ein Schlummertrunk.

Warme Milch enthält einen Stoff namens Tryptophan, der beim Einschlafen helfen soll. Auf jeden Fall tut die Wärme des Getränks gut und vermittelt ein Gefühl von Geborgenheit. Das beruhigt.

Kamillentee macht ebenfalls schläfrig und kann als Einschlafhilfe genutzt werden.

Aromatherapie.

Ätherisches Kamillen- oder Lavendelöl gilt als entspannend. Träufele ein paar Tropfen in die Badewanne oder auf ein Taschentuch neben deinem Kopfkissen. Du kannst es auch in einen Diffuser geben, das ist ein kleiner Luftbefeuchter.

Entspannungstechniken.

Yoga, Dehnübungen oder 2–5 Minuten Meditation (dafür gibt es Apps) lassen einen besser einschlafen. Auch Entspannungsmusik hilft.

Reiner Schlafplatz.

Dein Bett sollte nur zum Schlafen da sein. Verbanne deshalb dein Handy aus dem Zimmer, und arbeite oder lies auch nicht im Bett.

Der sogenannte **Placeboeffekt** kann auch helfen. Wenn du glaubst, dass dir irgendetwas Bestimmtes beim Einschlafen hilft, wird es auch so sein.

SO GEHT'S
SICH UM EIN HAUSTIER KÜMMERN

Wir können dir hier natürlich nicht ausführlich erklären, wie du dich richtig um eine Echse, einen Nymphensittich oder einen Schäferhund kümmerst, aber es gibt ein paar grundlegende Tipps, die für fast jedes Haustier gelten.

GIB MIR INSEKTEN!

GIB MIR KÖRNER!

GIB MIR FLEISCH!

* Gib ihnen Liebe. Du wirst sehen, wie gut eure Beziehung euch beiden tut.

✳ Vergiss nicht, dass Haustiere von uns abhängig sind. Wir haben die Verantwortung, ihnen das zu geben, was sie brauchen.

✳ Damit du nie vergisst, mit deinem Hund Gassi zu gehen oder deiner Schildkröte frisches Wasser zu geben, kannst du einen Tagesplan machen (nicht alle Tiere können dir signalisieren, was sie gerade brauchen).

✳ Wenn man ein Haustier hat, muss man auch Aufgaben erledigen, die man vielleicht eklig findet. Zum Beispiel das Katzenklo oder den Hamsterkäfig sauber machen. Das gehört aber dazu.

✳ Du hast gerade ein bisschen Zeit? Dann kämm dein Haustier oder spiel mit ihm. Das macht ihm Spaß.

SO GEHT'S
SICH UM PFLANZEN KÜMMERN

Zimmerpflanzen brauchen wenig, geben aber viel! Sie wirken beruhigend, produzieren Sauerstoff und tragen manchmal sogar Blüten oder Früchte.

Pflanzen

sonnige Fensterbank

Gießkanne

Untersetzer, um überschüssiges Wasser aufzufangen

Pflanzen brauchen Licht und Wasser. Beim Wasser ist es wichtig, nicht zu viel und nicht zu wenig zu gießen.

Schon gewusst?
Die meisten Menschen gießen eher zu viel als zu wenig.

Manche Pflanzen sind mit einem Schildchen versehen, auf dem steht, wie man sie pflegen soll. So weißt du sofort, ob sie viel oder wenig Sonne brauchen oder wie oft man sie gießen muss.

Falls es kein Schildchen gibt, steck vor dem Gießen einen Finger bis zum ersten Gelenk in die Erde. Falls sie noch feucht ist, braucht die Pflanze noch kein Wasser.

Wenn die Erde ganz trocken ist, gib der Pflanze so viel Wasser, bis es aus den Löchern am Topfboden heraustropft. Lass Pflanzen aber nicht im Wasser stehen, das mögen sie nicht.

Auch eine gute Idee: Schau in einem Buch oder im Internet nach, wie sich deine Pflanze am wohlsten fühlt.

Wenn deine Pflanze keinen guten Eindruck macht, gib ihr etwas Dünger. Du kannst sie auch umtopfen, damit die Wurzeln mehr Platz zum Wachsen haben.

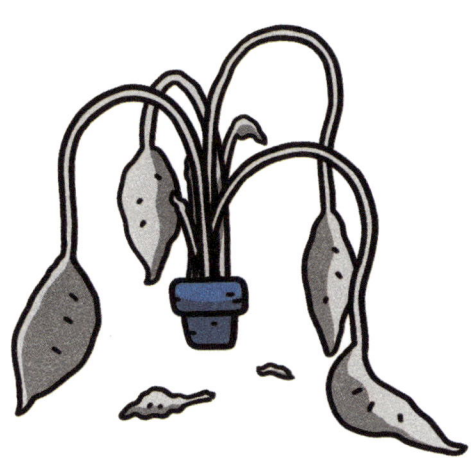

Kakteen sehen schön aus und sind leicht zu pflegen. Sie brauchen nur einen sonnigen Platz, ab und zu ein bisschen Wasser – und sie lieben es, wenn man sie für ihre Stachelpracht lobt.

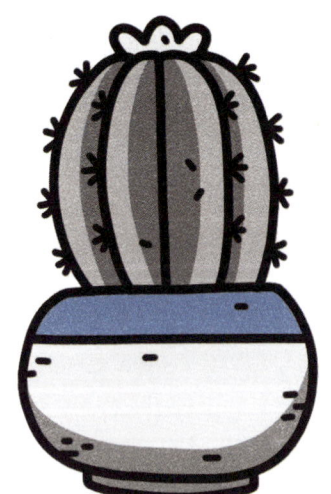

SO GEHT'S
EIN GUTER GAST SEIN

Yippie, eine Freundin/ein Freund hat dich zu sich nach Hause eingeladen! Das Wichtigste ist dabei, deinen Gastgebern zu zeigen, dass du dich sehr über die Einladung freust.

Falls du auf andere Familienmitglieder triffst, stell dich ihnen vor.

Falls dir irgendetwas unklar ist, frag einfach nach!

Falls Vorschläge für Aktivitäten kommen, such dir irgendwas aus. Einfach zu sagen: »Ist mir egal!«, kommt nicht so gut an.

Falls es für deine Eltern okay ist, pass dich an die Regeln im Haus des Gastgebers an. Vielleicht trinken hier alle Cola, was bei dir nicht erlaubt ist. Oder die Kinder müssen den Abwasch machen, weil es keine Spülmaschine gibt. Lass dich einfach auf die Dinge ein, die dort anders laufen.

Bevor du gehst, solltest du dich von der Familie deiner Freundin/ deines Freundes verabschieden und dich bedanken.

ES WAR WIRKLICH SEHR SCHÖN BEI EUCH. DANKE FÜR ALLES!

MINI-QUIZ!

Du isst bei deiner Freundin/deinem Freund zu Abend und wirfst ein Glas mit Milch um. Was machst du?

A Du schreist laut auf und rennst so schnell du kannst nach Hause.

B Du bekommst einen Lachanfall und lässt den Hund die Milch vom Boden aufschlecken.

C Du wartest darauf, dass der Putzroboter alles sauber macht.

D Du sagst: »Oh, Entschuldigung. Könnte ich einen Lappen haben, um das aufzuwischen?«

Antwort: Natürlich D. Vielleicht zusätzlich auch B, aber entschuldigen solltest du dich auf jeden Fall.

SO GEHT'S
EIN GUTER GASTGEBER SEIN

Juhuuu, eine Freundin/ein Freund ist bei dir zu Besuch! Das Wichtigste dabei ist: Zeig, dass du dich sehr über den Besuch freust!

Stell deinen Freund/deine Freundin deiner Familie vor.

MAMA, DAS IST MEIN FREUND MAX AUS DER SCHULE . MAX, DAS IST MEINE MUTTER.

SCHÖN, DICH KENNENZULERNEN, MAX.

Biete deinem Gast einen Snack und etwas zu trinken an.

Frag deinen Gast, was er gern machen würde, und mach ein paar Vorschläge: Musik hören, ein Spiel spielen, rausgehen.

Bring deinen Gast zur Tür, wenn er wieder nach Hause muss.

Legt eure Handys weg, es sei denn, ihr braucht sie für ein gemeinsames Spiel.

TIPP
TIPP
TIPP

BIS BALD, MAX! SCHÖN, DASS DU DA WARST!

ES WAR TOLL BEI DIR, DANKE FÜR ALLES!

SO GEHT'S
EIN GESCHENK EINPACKEN

Du bist zu einem Geburtstag eingeladen! Oder ist bald Weihnachten? Auf jeden Fall brauchst du ein Geschenk! Ganz wichtig: Schön verpackt wird auch das kleinste Geschenk zu etwas ganz Besonderem.

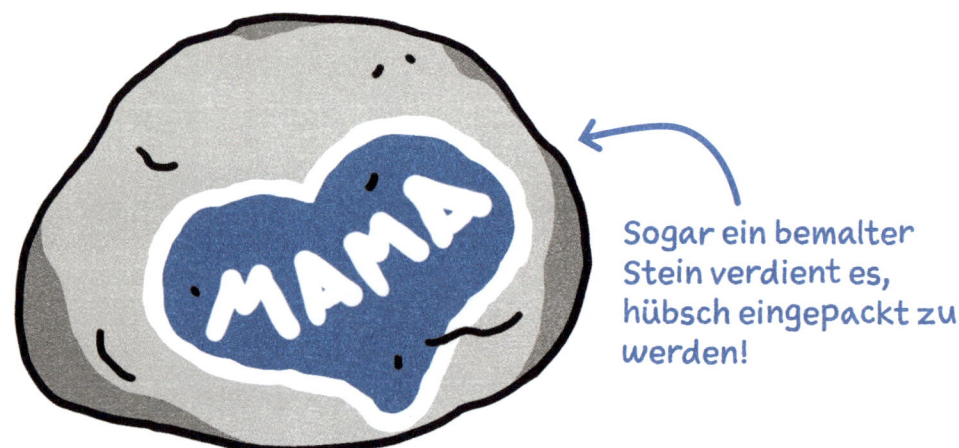

Sogar ein bemalter Stein verdient es, hübsch eingepackt zu werden!

Papier und Beutel.

Das Einfachste ist, das Geschenk locker in Seidenpapier oder eine Papierserviette zu wickeln und dann in einen Geschenkbeutel zu legen (besonders gut für unförmige Dinge). Versteck das Geschenk zusätzlich unter zerknülltem Seidenpapier, um die Überraschung noch größer zu machen.

Schachtel.

Leg das Geschenk in eine Schachtel und pack sie in Geschenkpapier ein (schau mal auf die nächste Seite!). Dafür brauchst du: Geschenkpapier, eine Schere, durchsichtiges Klebeband, Schleifenband oder Schnur und eine harte Unterlage. Mit dieser Methode kannst du auch ein Buch oder Spiel verpacken.

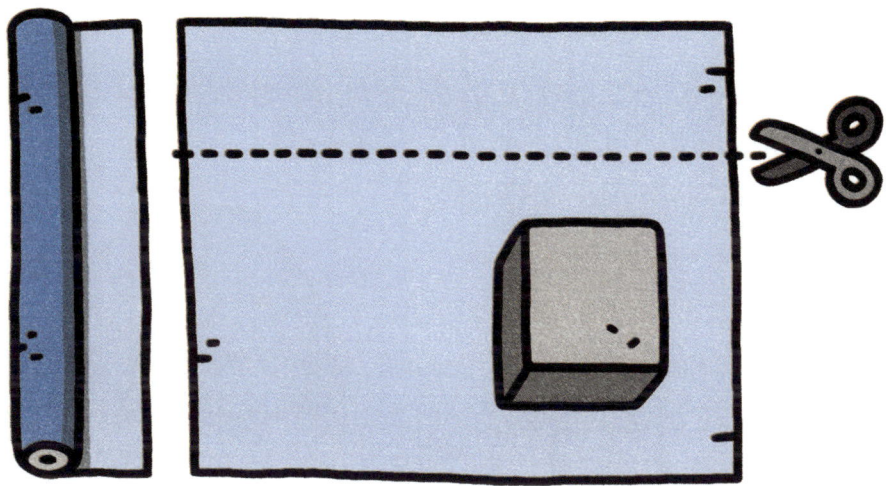

1 Schneid ein Stück Papier aus, das groß genug ist, um die Schachtel (oder das Buch) einzupacken*. Das Papier sollte so lang sein, dass man es einmal um die ganze Schachtel wickeln kann, und so breit, dass man die Seiten der Schachtel bedecken kann.

* Miss lieber zweimal, bevor du ein zu kleines Stück ausschneidest!

2 Leg das Papier um die Schachtel, zieh es straff und befestige ein Stück Klebeband entlang der Nahtstelle, wo die beiden Papier-Enden sich überlappen.

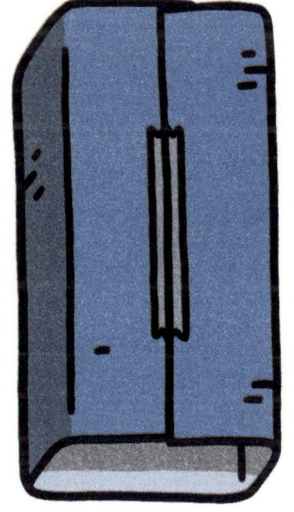

3 Kleb jetzt eine Seite nach der anderen zu, die Nahtstelle liegt immer noch oben. Falte dazu das obere Papierstück auf die Schachtel, sodass seitlich zwei »Flügel« entstehen. Klapp die Flügel flach nach innen und falte dann das untere Stück darüber. Diese Nahtstelle wieder mit Klebeband befestigen.

Das Gleiche auf der anderen Seite wiederholen. Es muss nicht perfekt werden.

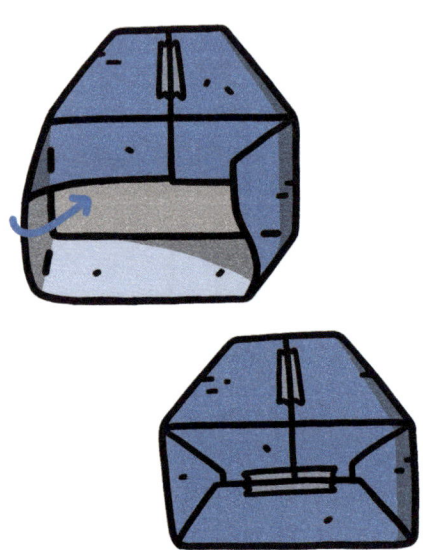

JETZT NOCH DIE SCHLEIFE!

1 Das Band zum Abmessen dreimal locker um die Schachtel wickeln und dann erst abschneiden.

2 Leg die Nahtstelle des Pakets

wieder nach oben und schieb das Band unter die Schachtel. Zieh das Band straff und achte darauf, dass das Band an beiden Seiten gleich lang ist.

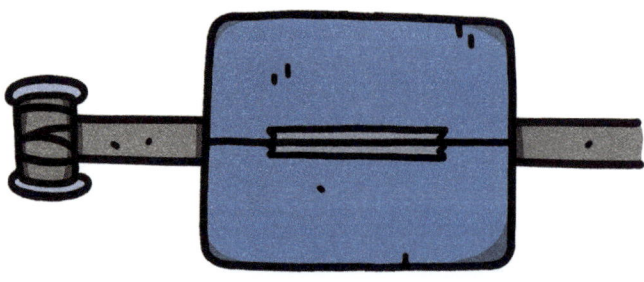

3 Kreuz das Band über der Schachtel und zieh die Enden zu den anderen Seiten der Schachtel.

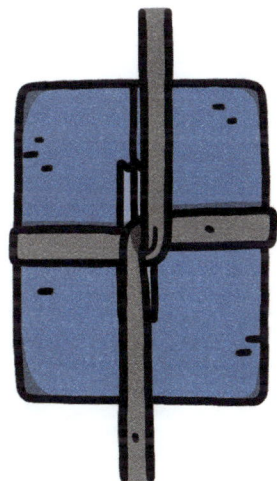

4 Dreh die Schachtel um und binde eine schöne Schleife in der Mitte. Das klappt am besten, wenn du jemanden bittest, einen Finger auf das gekreuzte Band zu legen. Überschüssiges Band abschneiden.

DU HAST GUT REDEN!

So triffst du bei anderen den richtigen Ton

- - - - - - - - - - - - - - - - - -

Sich in jeder Situation richtig auszudrücken ist gar nicht so einfach, aber im menschlichen Miteinander sehr wichtig. Hier lernst du, wie du zu anderen freundlich bist, wie du die Welt verändern kannst und deine eigenen Ziele erreichst, indem du die richtigen Worte findest.

SO GEHT'S
EINE DANKESKARTE SCHREIBEN

Jemand hat etwas Nettes für dich getan oder dir etwas geschenkt – du Glückspilz! Dafür solltest du Danke sagen. Vielleicht hast du dich bei deiner Freundin schon auf der Party für das Origamipapier bedankt oder deiner Oma die Textnachricht »Danke für das Geld, Oma!« geschickt. Noch besser ist aber eine handgeschriebene Dankeskarte. Das Ganze dauert nur eine Minute, und die hast du doch auf jeden Fall!

Falls du nicht weißt, was du schreiben sollst, kommt hier ein kleiner Vorschlag. Pass ihn einfach an deine Situation an und schreib ein, zwei Sätze mehr als nur »Danke für den/die/das _____«.

1 1 Liebe/Lieber _____!

2 Vielen Dank für den/die/das _____.

3 Ich kann es kaum erwarten, mir etwas für das Geld zu kaufen/die Kleidung zu tragen/das Spiel zu spielen.

4 Es hat genau die richtige Farbe/es ist genau das richtige Modell, du kennst mich wirklich gut!

5 Ich fand es schön, dass du heute da warst!

6 Liebe Grüße von _____

Wenn du kein Geschenk bekommen hast, aber jemand etwas Nettes für dich getan hat, dann bedank dich dafür und schreib dazu, warum das für dich hilfreich war.

LIEBE FRAU MÜLLER,

VIELEN DANK, DASS SIE DAS SELBST GEMACHTE CRUNCHY-MÜSLI FÜR DIE PFAD-FINDER-TOMBOLA GESPENDET HABEN. DAS WAR SEHR NETT UND GROSSZÜGIG VON IHNEN. DER GLÜCKLICHE GEWINNER KANN SICH JETZT AUF EIN BESONDERS LECKERES FRÜHSTÜCK FREUEN!

HERZLICHE GRÜSSE

JULIUS

MINI-QUIZ!

Deine Tante hat dir einen selbst gestrickten Pullover zum Geburtstag geschenkt. Leider ist der aber total kratzig und hässlich. Immerhin hat er deine Lieblingsfarbe. Was solltest du in deiner Dankeskarte schreiben?

A Wie konntest du mir nur einen so hässlichen und kratzigen Pullover schenken?

B Hey, du hast einen Pullover gestrickt. Danke!

C Liebe Tante, danke für dein Geschenk. Herzliche Grüße …

D Liebe Tante, weißt du noch, wie es war, als du mir Stricken beigebracht hast? Ich habe sechs Monate für einen Topflappen gebraucht! Umso begeisterter bin ich, dass du einen ganzen Pullover für mich gestrickt hast, auch noch in meiner Lieblingsfarbe! Du bist wirklich die beste Tante der Welt! Gruß und Kuss, dein Neffe.

Antwort: Natürlich D. Auch wenn einem das Geschenk nicht gefällt, sollte man Dankbarkeit dafür zeigen, dass jemand aus Liebe etwas für einen gemacht oder gekauft hat. Wie du siehst, kann man ehrlich sein, ohne zu verletzen.

SO GEHT'S
EINE BEILEIDSKARTE SCHREIBEN

Wenn jemand, der dir nahesteht, einen geliebten Menschen oder sein Haustier verloren hat, ist es eine schöne Geste, eine Beileidskarte zu schicken. Darin schreibst du, dass es dir leid tut, dass du mitfühlst und in schweren Zeiten für den Trauernden da bist. Du musst auch nicht unbedingt viel schreiben. Es reicht aus, einfach deine Anteilnahme zu zeigen.

LIEBE ANNA,

ES TUT MIR SEHR LEID, DASS DEINE KATZE BUFFY GESTORBEN IST. SIE WAR WIRKLICH ETWAS GANZ BESONDERES! ES WAR IMMER SO SÜSS, WENN SIE SICH BEIM MONOPOLY-SPIELEN IN DIE SPIELESCHACHTEL GESETZT HAT. ICH DENKE AN DICH UND WÜNSCHE DIR VIEL KRAFT!

LIEBE GRÜSSE

KIM

SO GEHT'S
EINEN BRIEFUMSCHLAG BESCHRIFTEN

SO IST ES RICHTIG

Dein Name und deine Adresse links oben in der Ecke oder auf der Rückseite (Absender)

Name und Adresse der Person, an die du den Brief schicken möchtest (Empfänger)

Die passende Briefmarke oben rechts in der Ecke

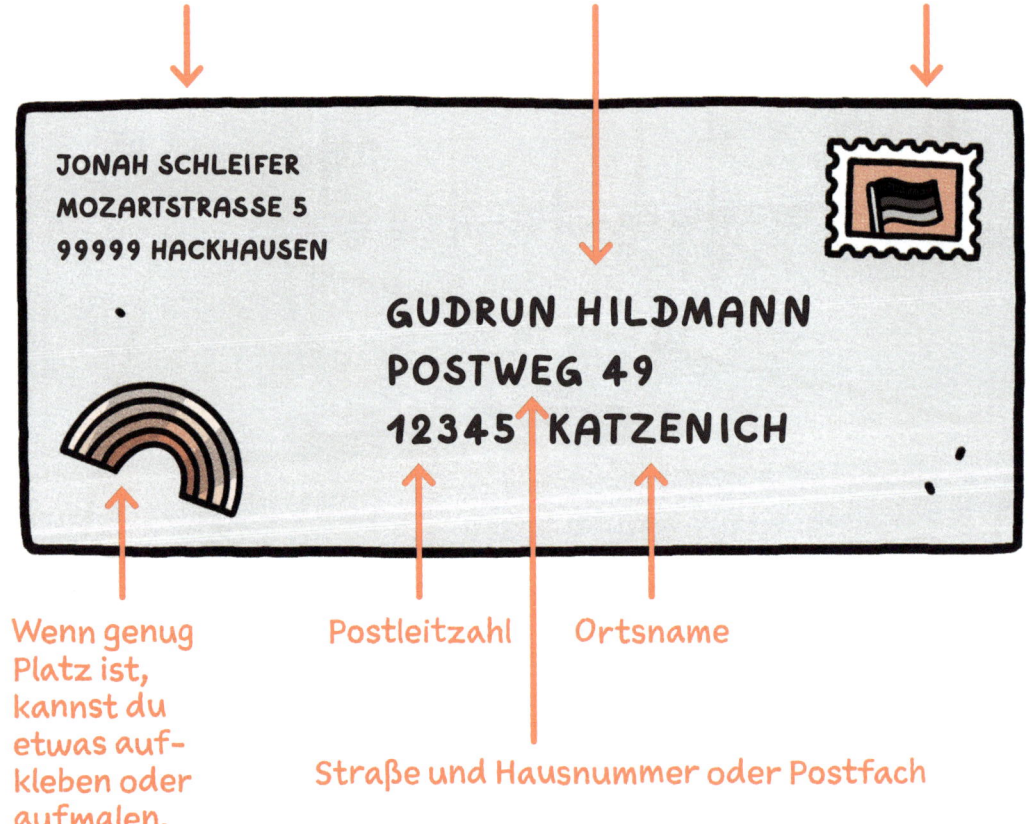

JONAH SCHLEIFER
MOZARTSTRASSE 5
99999 HACKHAUSEN

GUDRUN HILDMANN
POSTWEG 49
12345 KATZENICH

Wenn genug Platz ist, kannst du etwas auf-kleben oder aufmalen.

Postleitzahl

Ortsname

Straße und Hausnummer oder Postfach

SO IST ES FALSCH

OMI, MAISKOLBENWEG 8, 00007 CHILLHAUSEN

(Aber wenn du eine Briefmarke draufklebst, kommt der Brief wahrscheinlich trotzdem bei deiner Omi an.)

Wenn du Post ins Ausland verschickst, sehen die Adressen manchmal anders aus. Achte auf die richtige Briefmarke und schreib den Namen des Landes auf den Umschlag.

SO GEHT'S
SICH ENTSCHULDIGEN

Wenn du jemandem wehgetan oder etwas kaputt gemacht hast, solltest du die Verantwortung dafür übernehmen und dich entschuldigen. Auch wenn es keine Absicht war. Versuch mal, dich in die andere Person hineinzuversetzen. Sie fühlt sich bestimmt nicht gut, und eine Entschuldigung kann das ändern.

TUT MIR LEID, DASS WIR IM HAUS HOCKEY GESPIELT HABEN, OBWOHL DU UNS DAS VERBOTEN HATTEST, UND DABEI DEINE PORZELLAN-SEEKUH KAPUTTGEGANGEN IST.

IST SCHON OKAY, MEIN SCHATZ. EHRLICH GESAGT, FAND ICH DAS DING IMMER SCHON ETWAS GRUSELIG.

SO GEHT'S
AUF ANDERE ZUGEHEN

Wenn jemand ganz allein dasteht, kann das viele Gründe haben. Vielleicht ist er oder sie neu an der Schule, anders als die anderen oder wirkt irgendwie schräg. Fass dir ein Herz und geh auf diesen Menschen zu! Bitte ihn zum Beispiel, sich zu dir und deinen Freunden zu setzen. Oder frag einfach, ob du dich in der Schulmensa dazusetzen kannst. Du könntest die Person auch anlächeln, wenn du ihr auf dem Flur begegnest. Diese kleinen Dinge bewirken sehr viel! Wenn du eines Tages selbst neu bist oder dich einsam fühlst, wirst du dich auch freuen, wenn jemand auf dich zugeht.

KANN ICH MICH ZU DIR SETZEN?

JA, SEHR GERNE!

Schon gewusst? So mancher, der erst merkwürdig wirkt, entpuppt sich später als cool.

SO GEHT'S
EIN GESPRÄCH FÜHREN

Wenn du nicht weißt, wie du ein Gespräch anfangen sollst, dann stell einfach eine Frage. Dein Gegenüber fühlt sich gesehen und plaudert drauflos. Das ist der perfekte Einstieg und du erfährst gleichzeitig mehr über den Menschen!

Zeig, dass du zuhörst, während der andere spricht. Halt Augenkontakt, nicke zustimmend, frag nach und wiederhol, was du gehört hast.

VORSCHLÄGE FÜR FRAGEN

Ernst

WÜRDEST DU GERNE MAL INS WELTALL FLIEGEN?

Lustig

WÄRST DU LIEBER EIN IGEL ODER EINE REGENWOLKE?

GUTER ZUHÖRER

... OBWOHL ES AUCH NETT WÄRE, SICH MIT DEN ANDEREN IGELN IM LAUB ZU VERSTECKEN ...

JA, ALS IGEL WÜRDEST DU AUCH NICHT IMMER ALLES NASS REGNEN. DAS FANDEST DU JA NICHT SO TOLL!

SCHLECHTER ZUHÖRER

... ICH FÄNDE ES ABER NICHT SO GUT, SO VIELE STACHELN ZU HABEN ...

MH-HM ...

Schon gewusst? Wie eine Studie zeigt, denken viele Leute, dass sich ihr Gesprächspartner in ihrer Gesellschaft nicht so wohlfühlt, wie er es in Wirklichkeit tut. Mit anderen Worten: Die Leute sind viel lieber mit dir zusammen, als du glaubst! Ganz egal, wie tollpatschig oder seltsam du dich fühlst – sei einfach du selbst!

SO GEHT'S
IN EINER E-MAIL UM ETWAS BITTEN

Du wirst in deinem Leben noch um viele Dinge bitten müssen: deinen Lehrer um Hilfe, deine Chefin um mehr Lohn, deine Großeltern um eine Spende für deine Pfadfinder-Tombola. Wenn du jemanden in einer E-Mail um etwas bitten möchtest, ist es wichtig, höflich zu sein, verständlich mitzuteilen, worum es geht, und dich vorab zu bedanken.

SO IST ES FALSCH

An:	Johann Stössel
Betreff:	Blöde Chemie-Hausaufgabe

Hallo Herr Stöpsel, meine Hausaufgabe kommt später. Sorry!

SO IST ES RICHTIG

An:	Johann Stössel
Betreff:	Bitte um Aufschub ❶

Sehr geehrter Herr Stössel, ❷

ich wollte Ihnen mitteilen, dass ich die Chemie-Hausaufgabe für nächsten Mittwoch nicht rechtzeitig abgeben kann. ❸
Leider hat es ein paar Tage gedauert, bis ich den Überblick über mein Thema (Basics der Basen) hatte. Jetzt macht es richtig Spaß, aber ich brauche noch etwas Zeit. Deshalb wäre ich Ihnen sehr dankbar, wenn ich die Aufgabe erst am Freitag abgeben könnte. ❹

Mit freundlichen Grüßen ❺

Kevin

---

❶ Der Betreff ist klar formuliert.

❷ Die Anrede ist freundlich und der Name richtig geschrieben.

❸ Du fragst frühzeitig nach, damit die Person Zeit hat, deine Mail zu lesen und zu beantworten.

❹ Du zeigst, dass du für die Hilfe der Person dankbar wärst.

❺ Es gibt eine höfliche Abschlussformel.

Wenn die Person deiner Bitte nachkommt, darfst du nicht vergessen, dich zu bedanken (siehe Seite 34).

SO GEHT'S
EIN FORMULAR AUSFÜLLEN

Jeder hasst es, aber es gehört zum Leben leider dazu: Formulare ausfüllen – vom Antrag auf einen Büchereiausweis über Fragebögen beim Arzt bis zur Onlinebestellung. Und heute machst du den Anfang! Keine Panik, wir zeigen dir, wie's geht! Wenn du in der Schule schon mal einen Lückentext ausfüllen musstest, bist du im Vorteil.

Lies dir zuerst das ganze Formular durch.

Oft gibt es Hinweise darauf, ob du alles in Druckbuchstaben ausfüllen musst (also nicht in Schreibschrift), ob du Bleistift oder Kugelschreiber in einer bestimmten Farbe verwenden sollst oder ob du eine Unterschrift von einem Erziehungsberechtigten brauchst.

Trag deinen Namen ein.

Manchmal kommt der Nachname vor dem Vornamen, manchmal schreibt man Vor- und Nachnamen in getrennte Zeilen oder jeden Buchstaben einzeln in ein Kästchen.

Falls du ein Datum eintragen musst (z. B. deinen Geburtstag), steht dort manchmal TT.MM.JJJJ. Das bedeutet, dass du Tag, Monat und Jahr mit »führenden Nullen« notieren musst. Der 6. Oktober 2030 wäre also 06.10.2030.

Oft ist eine Unterschrift gefragt.

Dann musst du deinen vollen Namen in deiner Handschrift schreiben (siehe Beispiel).

Zum Üben eignen sich Abo-Formulare, die du
manchmal in Zeitschriften findest.

Dein Abo

1 JAHR
30 €

Mia Kneifmich
Name

Sandkuchenstraße 9
Straße

12345 Hundsdorf
Postleitzahl, Ort

kneifmich@hundsdorf.de
E-Mail-Adresse

☐ Sofort zahlen
☐ Später zahlen

Mia Kneifmich

Übe deine
Unterschrift

SO GEHT'S
EINEN TELEFONANRUF ANNEHMEN

Wenn dein Telefon klingelt – Handy oder Festnetz –, dann drück beim Festnetztelefon auf die grüne Taste oder beim Handy auf »Annehmen« und nenn dann deinen Namen oder sag »Hallo!« (wenn du angerufen wirst, musst du zuerst etwas sagen!).

Beim Telefonieren solltest du ruhig und aufmerksam sein, also nicht nebenher essen, pfeifen, Gitarre spielen oder dich mit etwas anderem beschäftigen wie dem Fernseher, deiner Rennmaus Speedy oder Matheaufgaben.

Wenn du die Nummer des Anrufers oder die Stimme nicht kennst, frag: »Wer spricht, bitte?«

SO GEHT'S
JEMANDEN ANRUFEN

Wenn du jemanden anrufst, klingelt bei dieser Person das Telefon. Sie geht ran, nennt ihren Namen oder sagt »Hallo«. Erklär, wer du bist und warum du anrufst.

Wenn dein Anruf an eine Mailbox oder einen Anrufbeantworter weiter-
geleitet wird, hörst du eine Ansage und/oder einen Piepton. Danach kannst
du deine Nachricht aufsprechen. Hinterlass deinen Namen und deine
Telefonnummer, wenn du bei Fremden anrufst.

RICHTIG

FALSCH

GUTEN TAG, HIER IST ELLEN
HUFNAGEL. ICH WOLLTE
FRAGEN, OB SIE DAS SPIEL
»PFERDEFREUNDE« VORRÄTIG
HABEN. BITTE RUFEN SIE MICH
ZURÜCK UNTER 01234 5678.
VIELEN DANK.

... UND ICH SO: ECHT JETZT ?

EIN NEUES COMPUTERSPIEL
MIT PFERDEN? DAS FIND
ICH MEGA ...

Bei einer Textnachricht hast
du viel Zeit zu überlegen, was
du fragen oder antworten
willst. Beim Telefonieren
musst du dagegen spontan
reagieren und kannst nicht
einfach wieder von vorne
anfangen. Aber du schaffst
das schon! Wenn du es ein
paar Mal geübt hast, klappt
es wie von selbst.

SO GEHT'S
EINEN POLITIKER ODER EINE POLITIKERIN KONTAKTIEREN

Kinder und Jugendliche dürfen leider nicht wählen gehen, aber sie können den Verantwortlichen trotzdem ihre Meinung sagen. Wende dich an einen Politiker oder eine Politikerin, und teil ihm oder ihr mit, was dir am Herzen liegt!

1 Entscheide, für welches Thema du dich engagieren möchtest. Interessierst du dich für Klimaschutz, Tierschutz oder Umweltschutz? Oder nervt dich der Müll auf deiner Straße?

2 Recherche. Finde heraus, wer für das Thema in deiner Stadt, in deinem Bundesland oder in der Bundesregierung verantwortlich ist (im Internet). Wer für deinen Wahlkreis im Bundestag sitzt, erfährst du z. B. unter www.bundestag.de/abgeordnete.

3 Die Kontaktdaten (Anschrift, Telefonnummer, E-Mail-Adresse) von Politikerinnen und Politikern oder anderen einflussreichen Menschen findest du in der Regel auch im Internet.

4 Brief schreiben. Beginn den Brief mit einer freundlichen Anrede und schreib dann, was du mitteilen möchtest. Was ärgert dich und sollte anders gemacht werden? Schreib deine Verbesserungsvorschläge und Wünsche auf. Beende den Brief mit ein paar freundlichen Worten.

> GUTEN TAG, HIER IST BEN WANDLER AUS PÜREEBERG. ICH HABE MITBEKOMMEN, DASS DIE KARTOFFELSTAMPFER* STREIKEN. ICH FINDE, SIE SOLLTEN DAFÜR SORGEN, DASS SIE BESSER BEZAHLT WERDEN.

Du kannst auch eine E-Mail schreiben oder anrufen. Meist gibt es ein Büro, das Anrufe entgegennimmt.

*ausgedachtes Problem.

SOLIDARI

KEIN KEIN

ZERSTAMPFT NICHT UNSERE LÖHNE!

FAIRER LOHN

IN GELD

KEINE KARTOFFELN

SO GEHT DEMOKRATIE

WEG MIT DEM DRECK

So hältst du bei dir zu Hause alles in Schuss

Wie auch immer die Hausarbeit bei euch geregelt ist – ob ihr einen Haushaltsplan habt, an dem jeder beteiligt ist, ob du damit dein Taschengeld aufbesserst oder ob du eine feste Aufgabe zugeteilt bekommen hast. Du musst Basics der Hausarbeit kennen! Das wird dir auch in deinem späteren Leben nützlich sein.

SO GEHT'S
GESCHIRRSPÜLER EINRÄUMEN

1 Essensreste abkratzen und in den Mülleimer oder auf den Kompost werfen. Das Geschirr vor dem Einräumen abzuspülen, ist in der Regel nicht nötig.

2 Schwere Sachen, wie Essteller und Kochtöpfe, gehören nach unten. Gib ihnen ausreichend Platz. Teller stellst du aufrecht in die Fächer mit den Stäben. Alle tiefen Gefäße, wie Schüsseln und Töpfe, müssen kopfüber hineingestellt werden, damit sie sich nicht mit Wasser füllen

3 Gläser, Tassen, Kochutensilien und empfindliche* Teile kommen in den oberen Korb. Auch hier gilt: alles umdrehen, damit sich kein ekliges Spülwasser ansammelt.

4 Stell das Besteck mit der schmutzigen Seite nach oben in den Besteckkorb. Scharfe Messer mit der Klinge nach unten wegen Verletzungsgefahr.

Tipp: Falls es eine Besteckschublade gibt, sortiere das Besteck dort ein.

*Manche sehr empfindlichen oder scharfen Sachen sind nicht spülmaschinenfest. Frag vor dem Einräumen nach.

5 Bevor du die Maschine einschaltest, solltest du prüfen, ob sich alle Sprüharme gut drehen können, ohne anzustoßen.

6 Das Spülmittel ins Fach geben (frag nach, wenn du nicht weißt, wo) und das Programm einstellen (auch hier nachfragen). Auf Start drücken – fertig.

SO GEHT'S
GESCHIRRSPÜLER AUSRÄUMEN

1 Schnapp dir ein Geschirrtuch, weil manche Sachen noch ein bisschen nass sein können.

2 Hol das Geschirr nach Sorten getrennt aus der Maschine und stell es in die Regale oder Schränke. Frag nach, wenn du nicht weißt, wo was hingehört.

3 Sortier das Besteck in die Besteckschublade ein.

MINI-QUIZ!

Erwachsene bitten dich nach dem Abendessen im Ferienhaus darum, dich um den Abwasch zu kümmern. Leider gibt's (jetzt wird Horrorfilmmusik eingeblendet) *keinen Geschirrspüler!*

A Du wirfst das Geschirr in den Wald und hoffst, dass es niemand sieht.

B Du versteckst das Geschirr im Ofen und hoffst, dass es keiner merkt.

C Du sagst laut »Ups!« und lässt alles auf den Boden fallen. Dann kehrst du die Scherben zusammen (siehe Seite 66) und wirfst sie weg.

D Du spülst von Hand.

Antwort:
D. Aber keine Panik, wir zeigen dir auf der nächsten Seite, wie's geht!

SO GEHT'S
RICHTIG SPÜLEN VON HAND

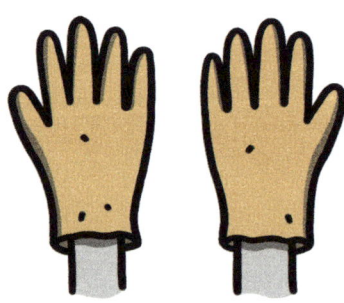

1 Kremple deine Ärmel hoch und zieh Gummihandschuhe an, falls vorhanden.

2 Töpfe und Pfannen mit dicker Kruste musst du vielleicht erst mit heißem Wasser und etwas Spülmittel einweichen.

3 Steck den Stöpsel ins Spülbecken. Füll dann heißes Wasser und etwas Spülmittel ein.

4 Spül als Erstes die leicht verschmutzten Sachen, damit das Wasser nicht so schnell dreckig wird, also zuerst Gläser, Geschirr und Besteck und dann Töpfe, Pfannen und Küchenutensilien. Nimm dazu die weiche Seite des Topfschwamms und reibe so lange, bis alles sauber ist und sich nicht mehr fettig anfühlt. Falls nötig, zwischendurch das Wasser ablassen und frisches nachfüllen.

5 Bei einer Doppelspüle füllst du das zweite Becken mit klarem Wasser und tauchst das gespülte Geschirr hinein, um Spülmittelreste abzuwaschen. Sonst geht das auch mit einer Wanne oder einer großen Schüssel.

6 Gib das gespülte Geschirr an jemanden zum Abtrocknen weiter oder stell es zum Trocknen in ein Abtropfgestell.

7 Die eingeweichten Töpfe nicht vergessen! Schrubb sie mit der groben Seite des Schwamms oder einer Spülbürste, um sie sauber zu kriegen.

8 Das Wasser ablassen und das Becken mit einem Schwamm auswischen. Die ekligen Reste aus dem Abflusssieb im Mülleimer entsorgen. Den Schwamm auswaschen und gut ausdrücken.

SO GEHT'S
TISCH UND ARBEITS-PLATTE REINIGEN

Wenn es deine Aufgabe war, den Tisch abzuräumen und/oder den Abwasch zu machen, musst du jetzt noch alle Oberflächen abwischen.

1 Stell Sachen wie Salzstreuer oder Kerzenständer zur Seite.

2 Entferne die Krümel, indem du sie mit der einen Hand auf die andere Hand neben der Kante des Tischs oder der Arbeitsplatte schiebst.

RICHTIG

FALSCH*

* Es sei denn, bei euch leben Tauben unterm Tisch.

3 Mach einen Schwamm oder einen Lappen nass und wring ihn aus, bis er nur noch feucht ist. Wisch damit den Tisch ab.

4 Klebrige oder fettige Flecken bekommst du mit einem Spritzer Haushaltsessig oder Spülmittel weg. Anschließend Schwamm auswaschen und die Oberflächen noch einmal damit nachwischen.

SO GEHT'S
MÜLL RAUSBRINGEN

Niemand bringt gerne den Müll raus. Aber irgendwer muss es nun mal machen! Wenn du bemerkst, dass der Mülleimer voll ist oder stinkt, solltest du dieser Irgendwer sein. Falls ihr den Müll trennt oder einen Kompost habt, ist eure Müll-Routine noch ein paar Schritte länger.

1 Binde den Müllbeutel gut zu, entweder mit den Bändern oben am Beutel oder mit-hilfe der Beutelhenkel. Manchmal gibt es auch kleine Bindestreifen aus Papier und Draht. Wickle den Streifen um den oberen Teil des

Beutels und verzwirble die Enden eng miteinander.

2 Bring den Beutel zur Mülltonne vorm Haus oder zum Müllschlucker in eurem Wohnblock.

MINI-QUIZ!

Du hast den Müll rausgebracht. Und jetzt?

A Setz dir einen Heiligenschein auf.

B Klopf dir auf die Schulter und ruf: »Mission erfüllt! Ich war einfach großartig!«

C Steck einen neuen Müllbeutel in den leeren Mülleimer und stülpe die Öffnung über den Eimerrand.

D Alle genannten Antworten.

Antwort: C oder D. Solange du an den neuen Beutel denkst, darfst du dich gerne ausgiebig selbst loben.

SO GEHT'S
DEN BODEN FEGEN

1 Räum alles weg, was auf dem Boden liegt und dort nicht hingehört, wie Schuhe oder Jacken.

2 Sperr deine Haustiere in einen anderen Raum – auch wenn sie dir gerne helfen würden.

3 Schnapp dir den Besen und zieh ihn von den Rändern des Raums langsam und sanft mit kurzen Strichen über den Boden zur Mitte hin. Vor dem Besen entsteht dabei ein kleiner Schmutzhaufen und in der Mitte des Zimmers dann ein großer Haufen.

4 Hol dir Handfeger und Kehrblech und feg den Haufen auf das Blech. Leer das Blech im Restmülleimer aus.

MINI-QUIZ!

Bestimmt ist dir schon aufgefallen, dass vor dem Kehrblech auf dem Boden immer ein Schmutzstreifen übrig bleibt, wenn du den Dreck mit dem Handfeger aufs Blech fegst. Lösung:

A Feg einfach weiter. Irgendwann wird der Schmutzstreifen so dünn, dass er praktisch nicht mehr vorhanden ist.

B Wisch den Streifen mit einem feuchten Papiertuch oder einem Lappen auf und poliere dann deinen Heiligenschein mit einem sauberen Tuch.

C Verteil den Schmutzstreifen unauffällig mit dem Besen wieder im Raum.

D Irgendeine oder alle der oben genannten Antworten.

Antwort: D. Es liegt am Kehrblech, du kannst nichts dafür. Feg alles so gut wie möglich auf – der Boden muss nicht wie geleckt aussehen. Leider gibt's für den saubersten Boden der Welt keinen Preis zu gewinnen (Grrrr!)

SO GEHT'S
STAUBSAUGEN

Der Staubsauger ist der natürliche Feind aller Haustiere, weil er laut und angsteinflößend ist. Allerdings ist er beim Saubermachen sehr nützlich.

1 **Räum erst mal alles auf**, was auf dem Boden liegt, wie Lego-Steine, Bücher oder Hausschuhe, damit du nicht um sie herum saugen musst oder sie versehentlich aufsaugst.

2 **Steck den Stecker des Staubsaugers** in die Steckdose. Setz die kleine Bürste (im Zubehörfach) unten an den Staubsaugerschlauch auf, schalte den Sauger ein und mach damit die Ecken und Sockelleisten sauber.

ICH VERLIERE KEINE HAARE MEHR, VERSPROCHEN!

3 Nimm die Bürste ab

und setz die breite Bodendüse auf. Saug die freie Bodenfläche ab, indem du die Bodendüse vor und zurück bewegst, bis alles sauber ist.

4 Schalte den Sauger aus

, zieh den Stecker raus und roll das Kabel auf. Stell den Sauger und alles, was du zur Seite geräumt hast, zurück an seinen Platz.

Zusatzinfo: Wenn der Sauger nicht mehr gut saugt, muss wahrscheinlich der Staubbeutel gewechselt oder der Staubbehälter geleert werden. Lass dir am besten zeigen, wie das bei eurem Modell funktioniert.

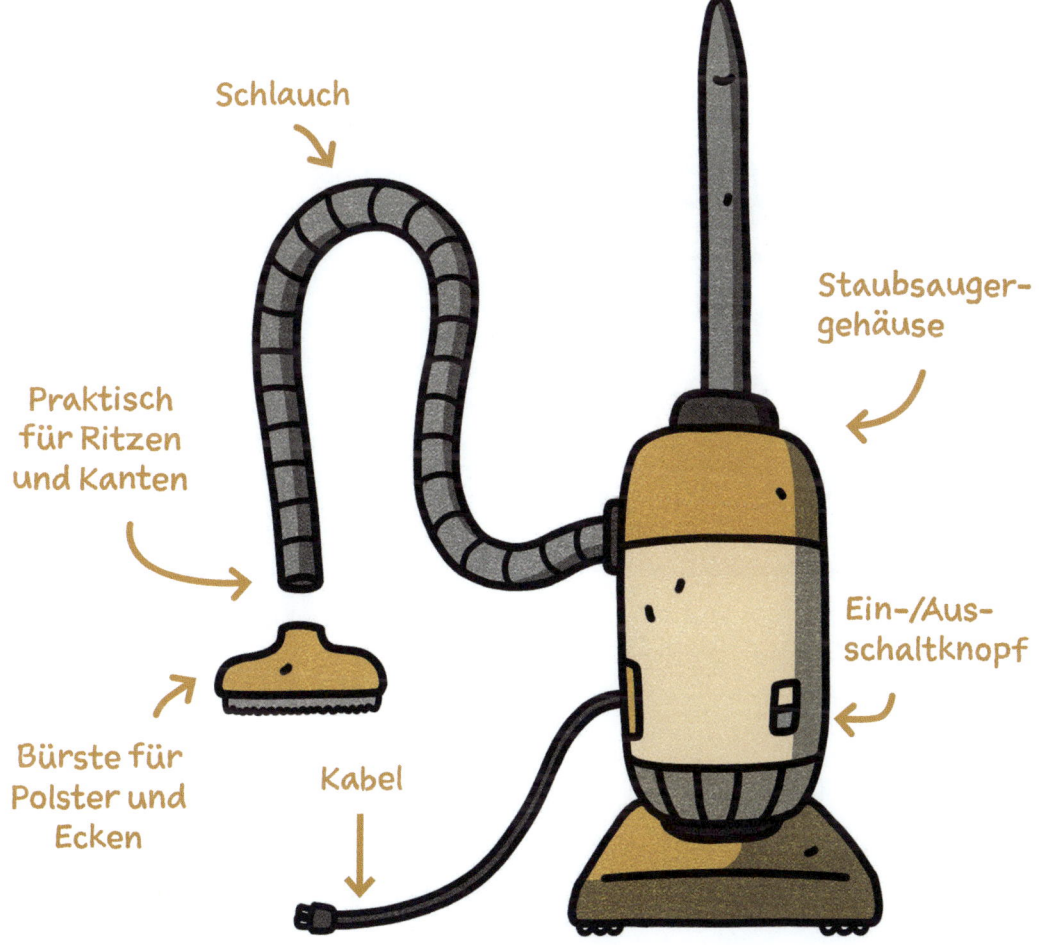

Schlauch

Staubsauger-gehäuse

Praktisch für Ritzen und Kanten

Ein-/Aus-schaltknopf

Bürste für Polster und Ecken

Kabel

SO GEHT'S
BADEZIMMER PUTZEN

Zieh dir Gummihandschuhe an, schnapp dir eure Reinigungsmittel fürs Bad und leg los:

WASCHBECKEN UND ABLAGEFLÄCHEN REINIGEN

1 Räum die Flächen frei.

Sammle alle Sachen in einem Korb, während du die Ablage sauber machst.

2 Besprüh die Ablage, das Waschbecken und den Wasserhahn mit Haushaltsessig oder einem Reinigungsmittel und wisch alles gründlich mit einem Schwamm sauber.

3 Spül den Schwamm aus und wisch noch mal nach.

4 Das Waschbecken ist noch schmutzig? Dann musst du es vielleicht mit Backpulver oder Scheuerpulver bestreuen und kräftig mit dem Schwamm schrubben.

5 Stell alle Sachen zurück auf die Ablage.

Die wichtigsten Utensilien

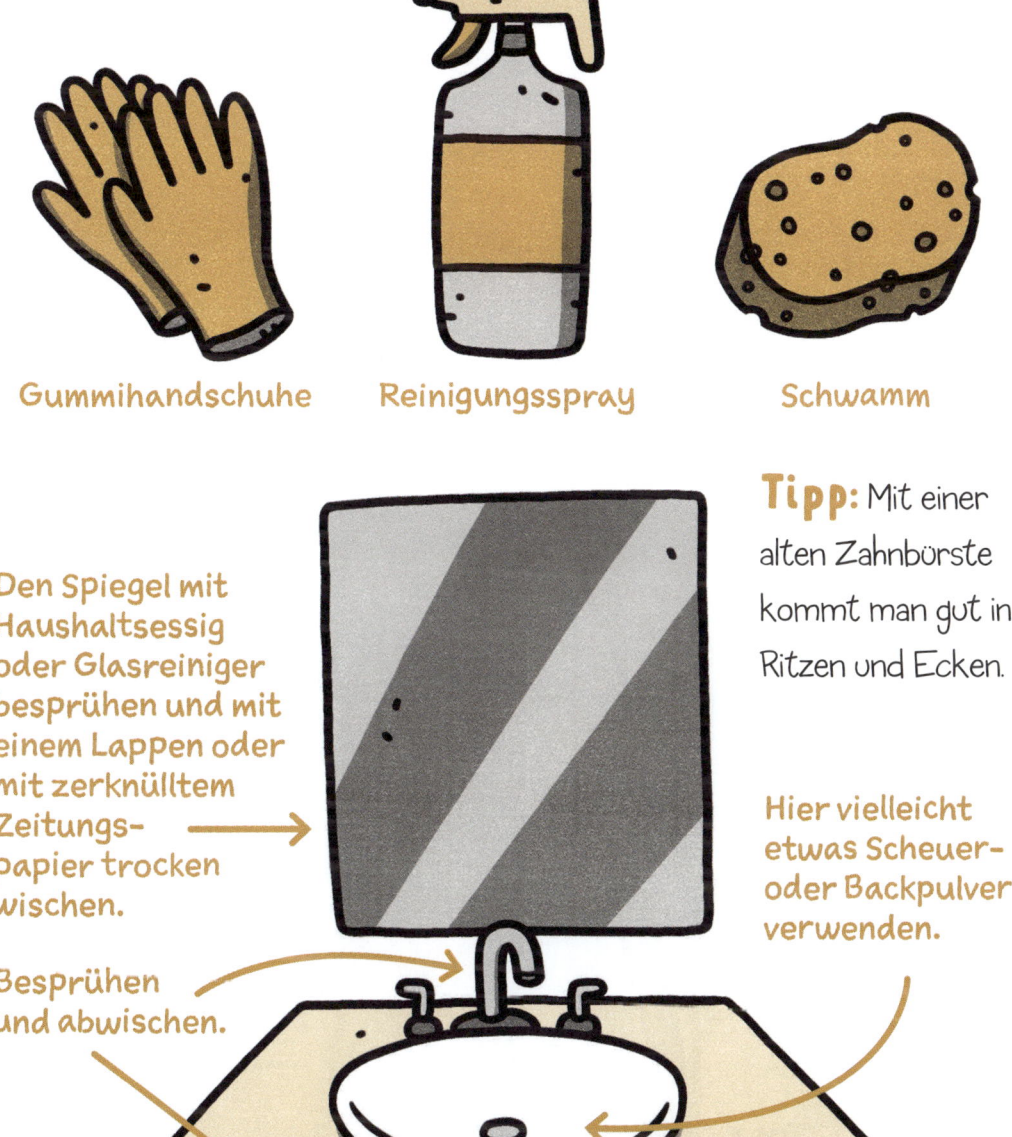

Gummihandschuhe

Reinigungsspray

Schwamm

Den Spiegel mit Haushaltsessig oder Glasreiniger besprühen und mit einem Lappen oder mit zerknülltem Zeitungspapier trocken wischen.

Besprühen und abwischen.

Tipp: Mit einer alten Zahnbürste kommt man gut in Ritzen und Ecken.

Hier vielleicht etwas Scheuer- oder Backpulver verwenden.

TOILETTE REINIGEN

1 Etwas WC-Reiniger oder Backpulver in die Toilettenschüssel geben und einweichen lassen, während du den Rest erledigst.

2 Den Spülkasten, die Oberseite des Sitzes und die Ober- und Unterseite des Deckels mit dem Reiniger besprühen. Mit einem Schwamm oder Lappen (nur fürs Klo verwenden) abwischen.

3 Den Sitz hochklappen und die Unterseite sowie den Toilettenrand besprühen und abwischen.

4 Den Fuß der Toilette und den Boden rund ums Klo besprühen und abwischen.

5 Die Kloschüssel mit der Toilettenbürste säubern, dann die Spülung betätigen.

Spülkasten

Deckel

Sitz

PUTZ MICH!

Rand

Schüssel

Fuß

DUSCHE UND BADEWANNE REINIGEN

1 Den Duschvorhang zur Seite ziehen.

2 Alle Oberflächen mit einem Badreiniger besprühen, inklusive der Innenseite der Wanne, des Wannenrands, der Wände rund um die Dusche/Wanne und des Wasserhahns. Mit einem Schwamm abwischen.

3 Besonders schmutzige Stellen kannst du mit Back- oder Scheuerpulver reinigen.

4 Den Schwamm auswaschen und alles noch mal nachwischen.

SO GEHT'S
VERSTOPFTES KLO REINIGEN

Shit happens! Manchmal steckt etwas fest, und das Klo ist verstopft. Nichts geht mehr. Das ist aber kein Grund zur Panik! Wichtig: nicht mehr spülen (glaub uns, du würdest es bereuen).

1 Eine Saugglocke holen. Sie sieht so aus:

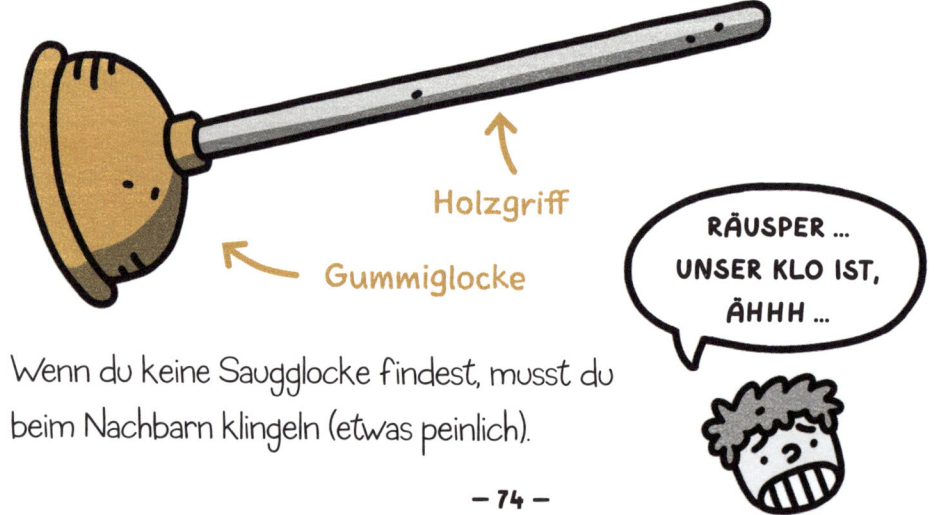

Holzgriff

Gummiglocke

RÄUSPER ... UNSER KLO IST, ÄHHH ...

Wenn du keine Saugglocke findest, musst du beim Nachbarn klingeln (etwas peinlich).

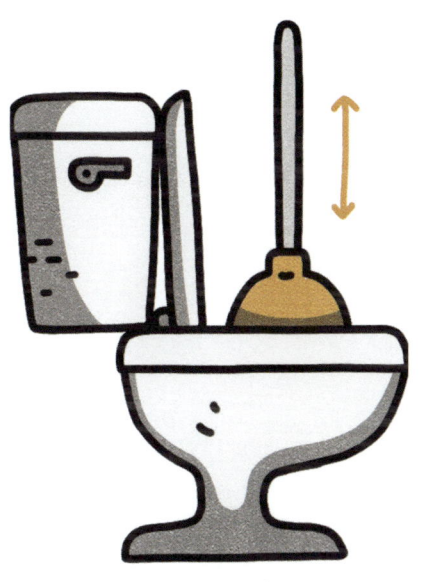

2 Die Saugglocke am Griff fassen und die Gummiglocke so in die Toilette stecken, dass sie den Abfluss ganz abdeckt und ihn luftdicht abschließt. Drück den Griff nach unten, damit ein Vakuum entsteht. Zieh die Glocke dann schnell wieder hoch, ohne dass sich das Gummi löst.

3 Drück den Griff noch ein paar Mal nach unten und zieh ihn wieder hoch, bis sich die Verstopfung gelöst hat und alles mit einem erlösenden Gluckern abfließt. Jetzt Daumen drücken und noch mal spülen.

PUH!

RAUUUUUUSCHHHHH

SO GEHT'S
BETT BEZIEHEN

1 Das Spannbettlaken über die Matratze ziehen. An einer Ecke beginnen, schräg gegenüber weitermachen und dann die letzten Ecken feststecken. Bei der letzten Ecke fühlt es sich so an, als würde man einem Elefanten Leggings anziehen, aber du schaffst das schon.

Tipp: Es klappt nicht? Dann check mal, ob du das Laken richtig herum aufgespannt hast.

2 Streich das Spannbettlaken schön glatt.

3 Bezieh dein Kopfkissen und deine Bettdecke mit einem frischen Bettbezug.

4 Leg dein Kopfkissen und deine Bettdecke auf das Bett und zieh an der Bettdecke, bis sie ganz glatt liegt.

5 Deck das Ganze mit einer Tagesdecke ab, wenn du eine hast.

Deine Kuscheltiersammlung nicht vergessen!

Ein Spannbettlaken zusammenlegen

Nur Spaß! Knüll es einfach zusammen wie jeder normale Mensch!

DAS LEIBLICHE WOHL

So wirst du ein echter Küchenprofi

Die Zubereitung von Essen ist einer der lebenswichtigsten Skills überhaupt – und gar nicht schwer. Außerdem gibt es einem ein tolles Gefühl, wenn man Menschen, die man liebt, bekocht.

Vermutlich weißt du es bereits, aber beim Kochen sind Hygiene und Sicherheit ganz wichtig:

- Wasch dir vor der Essenzubereitung immer die Hände.

- Nimm Topflappen, wenn du heiße Sachen anfassen musst, und schalte Herd und Ofen aus, sobald du fertig bist.

- Sei bei der Arbeit mit scharfen Messern und Geräten wie Mixern oder Küchenmaschinen sehr vorsichtig. Stell sie anschließend an einen sicheren Ort.

- Hab Spaß und sei kreativ (passt eigentlich nicht in diese Liste, aber egal)!

SO GEHT'S
SMOOTHIE MIXEN

* 150 g frische oder tiefgekühlte
  Früchte wie Heidelbeeren,
  Erdbeeren, Himbeeren,
  Brombeeren, entsteinte
  Kirschen, Ananas, Pfirsiche,
  Nektarinen oder Mango
* 120 g Naturjoghurt
* 240 ml Milch, Pflanzendrink
  oder Saft
* gefrorene Banane oder
  3 Eiswürfel
* 2 entsteinte Datteln oder
  1 Spritzer Honig oder Ahornsirup
* Vielleicht noch etwas
  Vanilleextrakt, Kokosraspel oder
  geriebene Bio-Zitronenschale

Alles in einen Standmixer füllen und auf höchster Stufe glatt mixen. Bei Bedarf den Mixer zwischendurch anhalten und Stücke von den Seiten des Behälters mit einem Löffel nach unten schieben.

Nicht vergessen, den Deckel aufzusetzen!

SO GEHT'S
RÜHREI BRATEN

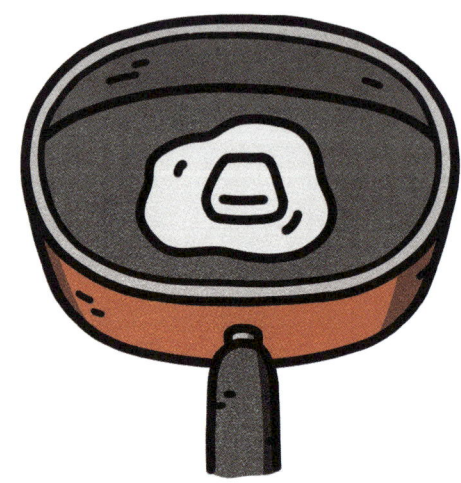

1 2 Eier, 1 Prise Salz und 2 Teelöffel Milch oder Mineralwasser in eine Schale geben und gründlich verrühren.

2 1 Esslöffel Butter auf mittlerer Stufe in einer Pfanne schmelzen.

3 Wenn die Butter anfängt zu schäumen, die Eier in die Pfanne gießen. Warte, bis das Ei etwas fest geworden ist, und schieb es dann immer wieder mit einem Pfannenheber hin und her.

4 Du kannst dein Rührei noch mit anderen Zutaten aufpeppen:

  ✳ geriebener Käse

  ✳ Schmand

  ✳ 1 Handvoll Baby-Spinat

  ✳ gehackte Kräuter

  ✳ Chilisoße

5 Wenn das Rührei gar ist, kannst du es verputzen.

MMMMH!

SO GEHT'S
DAS PERFEKTE FRÜHSTÜCKSEI

Ein Ei oder mehrere Eier in einen Topf geben. So viel Wasser aufgießen, bis das Wasser etwa einen Zentimeter über den Eiern steht. Den Topf auf den Herd stellen und alles auf hoher Stufe zum Kochen bringen (es kocht, wenn große, platzende Blasen entstehen und die Eier anfangen, sich zu bewegen). Den Deckel aufsetzen, den Herd ausschalten und die Eier zu Ende garen. Nach 7–9 Minuten hast du ein wachsweiches Eigelb, nach 10–12 Minuten ist es ganz fest.

Die Eier mit dem Wasser vorsichtig in die Spüle kippen und mit kaltem Wasser übergießen, bis sie etwas abgekühlt sind. Die Eier auf der Arbeitsfläche hin- und herrollen, um die Schale aufzubrechen, dann schälen.

Das muss man einfach draufhaben!

Noch ein bisschen Salz, Pfeffer, Chilisoße oder frische Kräuter drauf – fertig!

SO GEHT'S
SALATDRESSING MACHEN

1 Teelöffel Salz

80 ml Essig (Weißwein-, Rotwein-, Balsamico-, Apfelessig oder was ihr sonst im Haus habt)

160 ml Olivenöl

Die Zutaten in ein Schraubglas füllen, den Deckel fest verschließen und alles gut schütteln. Das Dressing über deinen Salat träufeln. Guten Appetit! Reste halten sich gut im Kühlschrank.

Weitere mögliche Zutaten

* Etwas Senf und/oder Mayo (für ein cremigeres Dressing)
* Getrocknete oder frische Kräuter (Oregano, Basilikum, Dill, Thymian oder Schnittlauch)
* Zerdrückter Knoblauch oder Knoblauchpulver
* Frisch gemahlener schwarzer Pfeffer
* Abgeriebene Bio-Zitronenschale

SO GEHT'S
EINE QUESADILLA BRATEN

1 Eine Pfanne auf mittlerer Stufe erhitzen. Ein Stück Butter und etwas Öl hineingeben.

2 Einen Tortillafladen in die Pfanne legen. Eine Hälfte vorsichtig mit geriebenem Käse (und gerne auch mit Tomatenwürfeln) belegen.

3 Dann den Fladen mithilfe eines Spatels zusammenklappen.

Es macht gar nix, wenn etwas Käse herausquillt, denn der wird in der Pfanne schön knusprig.

4 Die Quesadilla braten, bis die Unterseite goldbraun ist, dann wenden und weiterbraten, bis der Käse ganz geschmolzen ist.

5 Du kannst die Quesadilla mit Sour Cream, Guacamole oder pikanter Soße servieren.

SO GEHT'S
ESSEN ABSCHMECKEN

Wow, du hast gekocht! Fantastisch! Bevor du das Essen servierst, solltest du aber probieren, ob es wirklich gut schmeckt. Falls nicht, musst du noch etwas nachwürzen.

salzig

süß

Geschmacks-booster

scharf

sauer

Das Essen hat kaum Geschmack? Dann fehlt vielleicht noch Salz. Gib eine Prise hinzu, probier noch mal und salze wenn nötig noch mal nach. Sojasoße ist auch salzig und gleichzeitig sehr würzig. Wenn es zu deinem Essen passt, dann gib doch einen Spritzer hinein.

Wenn es immer noch fad schmeckt, kannst du etwas Saures, wie Zitronensaft oder Essig, zufügen.

Es schmeckt gut, aber etwas zu kräftig? Dann gib einen winzigen Tropfen Süßes hinzu,

wie Honig oder Ahornsirup, um ein geschmackliches Gleichgewicht zu schaffen.

Du magst es gerne scharf? Dann wirkt eine große Prise schwarzer Pfeffer, ein Spritzer Chilisoße oder eine Prise Cayennepfeffer Wunder.

Irgendwie fehlt der Pfiff? Dann streu etwas Knoblauchpulver, Currypulver oder ein anderes kräftiges Gewürz drüber.

SO GEHT'S
ZWIEBEL WÜRFELN

Nicht weinen! Es ist doch nur eine Zwiebel!

1 Leg die Zwiebel auf ein Schneidebrett und schneid die Enden mit einem scharfen Messer ab.

Halt die Zwiebel mit der Hand, mit der du nicht schreibst.

Halt das Messer mit deiner Schreibhand.

2 Halbier die Zwiebel.

3 Zieh die papierartige Schale ab.

4 Leg die Zwiebelhälften mit der flachen Seite nach unten aufs Schneidebrett. Schneid sie quer in dünne Scheiben und halt sie seitlich fest, damit die Scheiben zusammenbleiben. Schneid dann längs in Scheiben, dabei entstehen kleine Würfel.

5 Lass sie dir schmecken (Spaaaß)! Aber viele Rezepte fangen mit dem Hacken von Zwiebeln an, zum Beispiel Suppen, Soßen, Salate oder auch ein selbst gemachter Zwiebeldip. Und jetzt weißt du, wie's geht!

Krümm zur Sicherheit die Finger der Hand, die die Zwiebel festhält!

SO GEHT'S
BRATHÄHNCHEN ZUBEREITEN

1 Den Backofen auf 220 °C vorheizen. Ein kleines Stück Butter auf einen Teller geben und in die Nähe des Ofens stellen, damit sie weich wird.

2 Nimm das Hähnchen aus der Verpackung und greif in die größere Öffnung des Hähnchens, um den Beutel mit den Innereien (Herz, Leber, Nieren und Hals) herauszunehmen. Diese für ein anderes Rezept verwenden oder wegwerfen.

3 Das Hähnchen in einen Bräter legen und großzügig mit Salz bestreuen. Das Salz dann zusammen mit der weichen Butter in die Haut einmassieren. Das kostet etwas Überwindung, aber du schaffst das! Statt der Butter kannst du auch Olivenöl nehmen.

4 Den Bräter 1,5 Stunden in den Ofen stellen, bis die Haut braun und knusprig ist. Wenn die Haut am Schluss zu dunkel wird, reduziere die Hitze auf 200 °C.

Hinweis: Auf rohem Hühnerfleisch leben manchmal Bakterien, die dich krank machen können. Wasch dir deshalb jedes Mal, wenn du es angefasst hast, gründlich die Hände mit Wasser und Seife.

Noch besser schmeckt es, wenn du das Hähnchen mit leckeren Würzzutaten füllst.

Zitronen-
hälften

Rosmarin-
zweige

Zwiebel-
hälften

Thymian-
zweige

Knoblauch

5 Das Hähnchen aus dem Ofen nehmen und mit einem scharfen Messer in den Oberschenkel stechen. Wenn durchsichtiger Saft heraus-fließt, ist das Fleisch gar. Wenn der Saft rosa ist, musst du das Hähnchen noch etwas weitergaren. Das Messer abwaschen und kurz darauf noch mal testen.

6 Das fertige Hähnchen aus dem Ofen nehmen und 15 Minuten ruhen lassen. Dann in Stücke teilen und servieren.

SO GEHT'S
SPAGHETTI KOCHEN

1 Einen großen Topf zu zwei Dritteln mit kaltem Wasser füllen.

2 Auf den Herd stellen und Wasser auf hoher Stufe zum Kochen bringen. Kochendes Wasser erkennst du an den großen, zerplatzenden Blasen. Schneller und energiesparender geht es mit dem Wasserkocher.

3 Eine Handvoll (!) Salz in den Topf geben.

4 Die Spaghetti oder andere Nudeln ins Wasser geben und mit einem Holzlöffel umrühren, damit sie nicht aneinanderkleben.

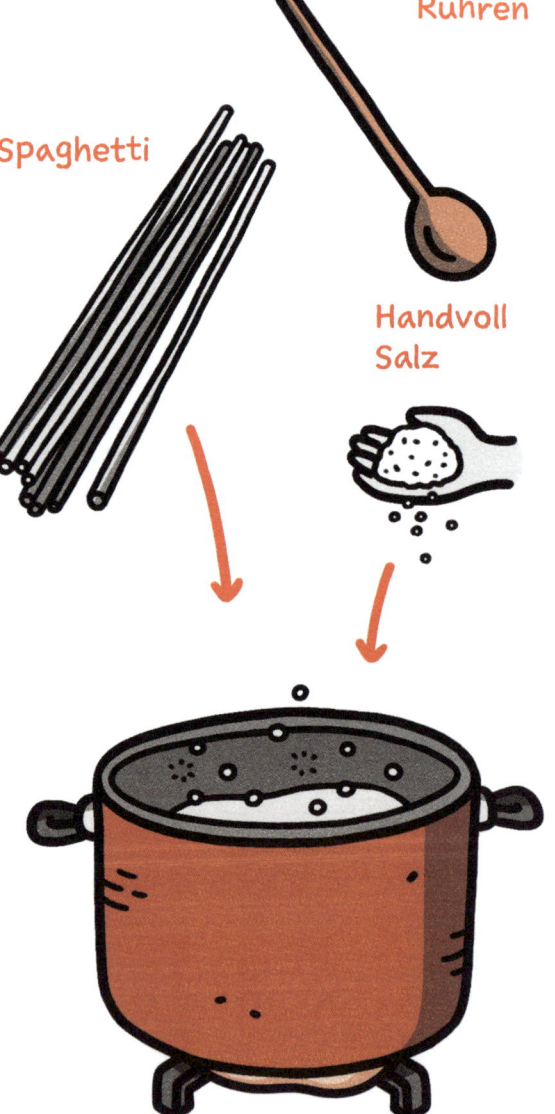

Löffel zum Rühren

Spaghetti

Handvoll Salz

Topf mit kochendem Wasser

5 Die Garzeit auf der Packung auf einem Timer einstellen, ein Sieb in die Spüle stellen und die Nudeln noch mal umrühren.

6 Nach Ende der Garzeit eine Nudel mit einer Gabel aus dem Topf fischen und probieren. Falls sie gar ist, schalte den Herd aus, falls nicht, warte eine Minute und teste noch mal.

7 Schnapp dir Topflappen oder Ofenhandschuhe und trag den Topf damit vorsichtig zur Spüle. Gieß die Spaghetti ins Sieb und stell den Topf wieder auf den Herd.

8 Rüttle am Sieb, bis das Wasser ganz von den Nudeln abgelaufen ist. Die Spaghetti zurück in den Topf geben und etwas Butter oder Olivenöl unterrühren.

9 Hau rein oder füge deine Lieblingstoppings hinzu.

Lecker sind zum Beispiel: Pesto, Oliven, Knoblauchpulver, abgeriebene Bio-Zitronenschale.

geriebener Parmesan

Tomatensoße

SO GEHT'S
TISCH DECKEN

WENN DER ENGLISCHE KÖNIG ZU BESUCH KOMMT

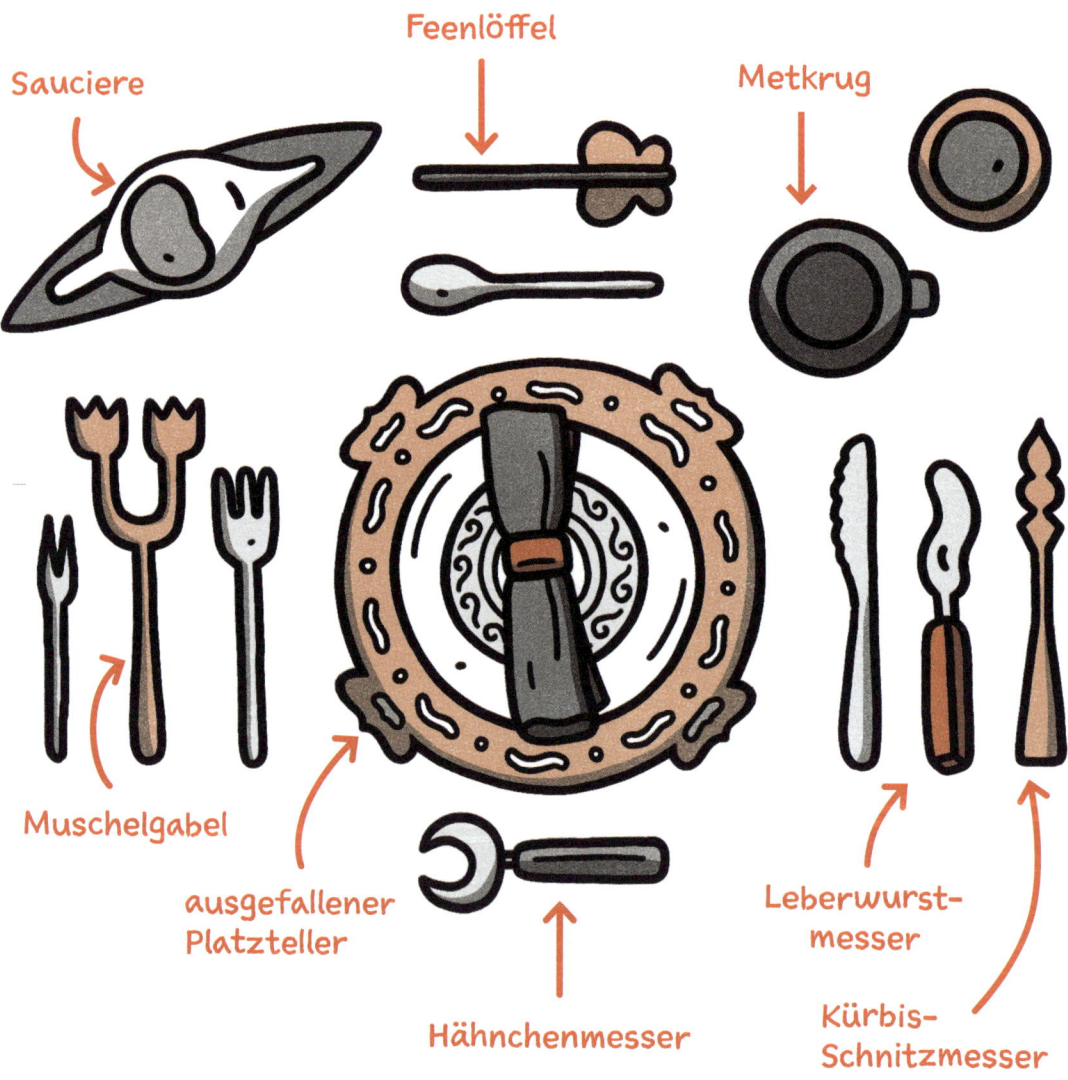

Sauciere

Feenlöffel

Metkrug

Muschelgabel

ausgefallener
Platzteller

Hähnchenmesser

Leberwurst-
messer

Kürbis-
Schnitzmesser

WENN NORMALSTERBLICHE KOMMEN

Das Glas steht über Messer und Löffel.

Die Gabel liegt links neben dem Teller.

Messer und Löffel liegen rechts vom Teller.

Die gefaltete Serviette liegt links neben der Gabel.

Das Besteck wird in der Reihenfolge gelegt, in der man es verwendet, also von außen nach innen. Wenn man zwei Gabeln legt, kommt die kleine Salatgabel nach außen und die große Tafelgabel nach innen (meistens gibt es aber nur eine Gabel).

MINI-QUIZ!

Du hast gekocht und alle fanden es toll!
Anschließend machst du Folgendes:

A Du postest ein Foto von dem riesigen Tomatensoßen-
chaos in der Küche. #nichtmeinproblem

B Du schaust dir das dreckige Geschirr an und sagst:
»Ich glaube, wir müssen umziehen!«

C Du tust so, als würdest du am Esstisch einschlafen.

D Du räumst hinter dir auf und machst den Abwasch.

Antwort: D. Und wenn jemand dir anbietet, den Abwasch
für dich zu machen, weil du ja schon gekocht hast, sagst du:
»Oh, das wäre sehr lieb von dir, danke!«

SO GEHT'S
INSTANTNUDELN IN EINE LECKERE SUPPE VERWANDELN

verquirltes Ei
(es gart in
der Brühe)

Spinatblätter

Champignon-
scheiben

asiatische
Instantnudeln

Tofuwürfel

Topf mit
kochendem
Wasser

Lass das Aroma-Tütchen aus der Nudelpackung weg und würz stattdessen mit Sojasoße, Sesamöl und etwas Reisessig und Chilisoße.

MIT ALLEN WASSERN GEWASCHEN

Richtige Reinigung und Pflege deiner Kleidung

- -

Kleidung brauchst du jeden Tag, egal ob du Fußball spielst, dich für eine Party stylst oder zur Schule gehst. Vorher muss sie aber gewaschen, getrocknet, zusammengelegt und manchmal auch geflickt werden.

SO GEHT'S
WÄSCHE SORTIEREN

1 Bring den Wäschekorb zur Waschmaschine.

2 Schütte die Wäsche auf den Boden und leg empfindliche oder wertvolle Teile aus Wolle oder Seide beiseite.

Sag den Erwachsenen Bescheid, damit sie sich um die empfindlichen Teile kümmern.

3 Teil die restliche Wäsche in helle und dunkle Kleidung auf und mach zwei Haufen. Falls in eurer Familie alles zusammen gewaschen wird, ist das auch kein Problem. Du kannst jeden Haufen auch noch danach sortieren, ob die Wäsche bei 30 °C oder 60 °C gewaschen wird (Unterwäsche, Handtücher bei 60 °C und der Rest bei 30 °C). Man kann aber auch alles bei 30 °C waschen. Frag bei Unklarheiten einen Erwachsenen – irgendwann schaffst du es auch allein.

Taschentuch

Kaugummi

Goldmünzen

4 Vor dem Waschen noch alle Taschen ausleeren! Manchmal findet man einen Schatz (schön wär's)!

5 Schließ alle Reißverschlüsse, damit sie die andere Kleidung nicht beschädigen.

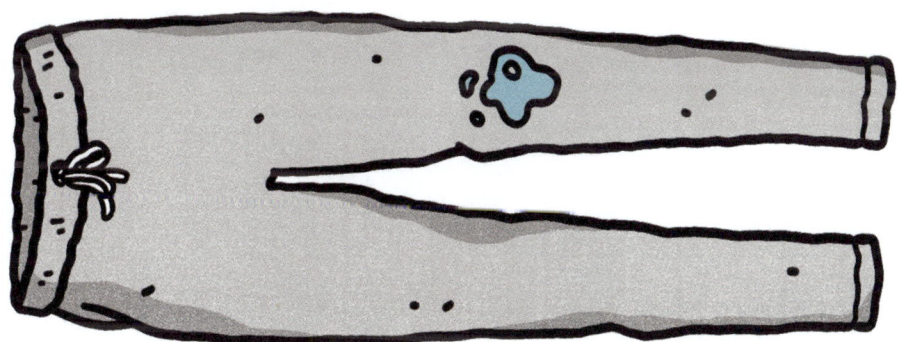

6 Mach eine Schleife in alle Kordeln, damit sie sich nicht verheddern oder rausgezogen werden.

7 Starke Flecken brauchen eine Vorbehandlung (siehe Seite 106).

SO GEHT'S
WÄSCHE WASCHEN

Toplader

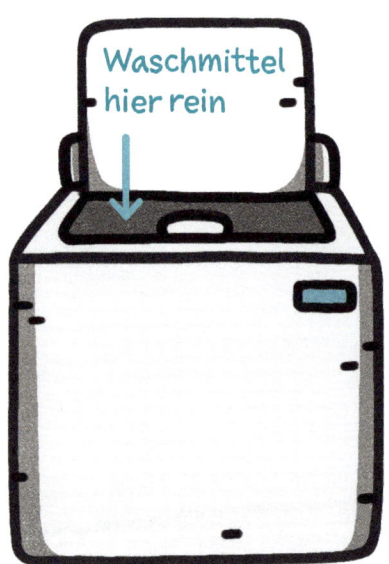

Waschmittel hier rein

Frontlader

oder vielleicht hier

1 Füll die Wäsche oben oder vorne in die Waschtrommel. Nicht zu voll stopfen, da sich die Kleidung dann nicht richtig in der Trommel bewegen kann und nicht sauber wird.

2 Gib die richtige Menge Waschmittel in das passende Fach (nachfragen!). Flüssigwaschmittel wird meist mit dem Deckel der Flasche abgemessen. Bei Pulver nimmt man einen kleinen Messbecher.

3 Jetzt das richtige Waschprogramm einstellen. Lass dir das von einem Erwachsenen zeigen und mach dir ein Merkblatt, das du neben der Maschine aufhängst. Einstellmöglichkeiten:

* die Temperatur des Wassers,
* die Geschwindigkeit beim Schleudern,
* die Länge des Waschgangs.

4 Den Startknopf drücken.

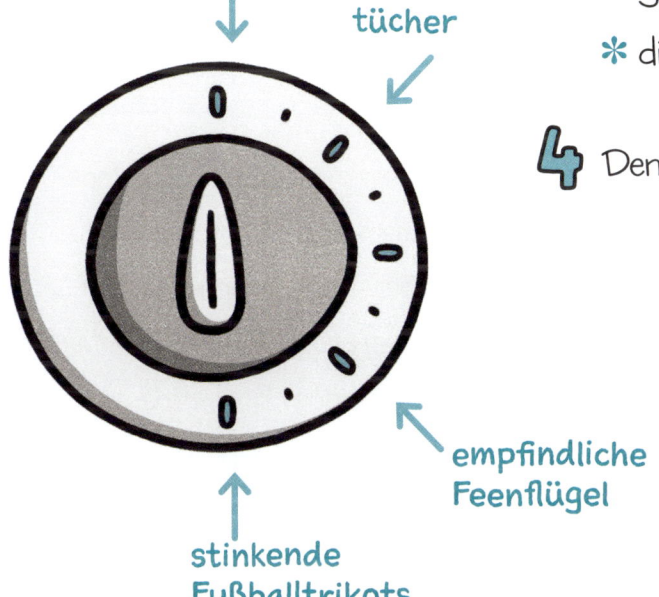

normal

Strand-
tücher

empfindliche
Feenflügel

stinkende
Fußballtrikots

Schon gewusst? Laut NASA haben die Astronauten auf der Internationalen Raumstation ISS keine Waschmaschine. Deshalb tragen sie Unterhosen drei bis vier Tage und schicken sie dann mit dem restlichen Müll zur Verbrennung ins Weltall. Wenn dieser Space-Müll verglüht, ist er auf der Erde als Sternschnuppe zu sehen! Ein Astronaut soll seine Unterhose auch einmal als Nährboden für Pflanzen recycelt haben.

SO GEHT'S
FLECKEN ENTFERNEN

Du hast dich beim Essen bekleckert? Oder dein Stift/dein Haustier ist ausgelaufen? Keine Panik! Das Wichtigste ist, den Fleck sofort zu behandeln, wenn du vom Burgerladen nach Hause kommst oder beim Wäschesortieren Grasflecken auf dem Fußballtrikot entdeckst.

1 Ein dicker Fleck (z. B. einge-trocknete Marmelade) sollte zuerst mit einer Plastikkarte (Bücherei- oder Bankkarte) oder einem Buttermesser abgekratzt werden.

2 Fettflecken (von Fahrradöl oder Salatdressing) so schnell wie möglich mit etwas Speisestärke einreiben.

3 Den Fleck mit einem Fleckenentferner einreiben oder besprühen. Vorher aber auf dem Etikett prüfen, ob das Mittel für den Stoff geeignet ist, aus dem das Kleidungsstück besteht.

WASCH MICH SOFORT AUS!

4 Lass das Mittel bis zur nächsten Wäsche einweichen oder wasch das Kleidungsstück sofort, falls dies so auf dem Etikett des Fleckenentferners steht.

5 Überprüfe nach der Wäsche, ob der Fleck rausgegangen ist. Falls nicht, behandle ihn noch mal mit dem Fleckenentferner.

6 Der Fleck geht einfach nicht raus? Wie wäre es dann mit einem dekorativen Aufnäher als coolem Nachhaltigkeitsdetail?

SO GEHT'S
WÄSCHETROCKNER BEDIENEN

1 Reinige als Erstes das Flusensieb des Trockners, das sich meistens in einer Art Schublade vorne am Trockner befindet. Streif die Flusen vom Sieb (fühlt sich seltsam angenehm an) und setz das Sieb wieder ein.

2 Nimm die frisch gewaschenen Sachen aus der Waschmaschine und schüttle sie aus, damit sie nicht aneinanderhängen. Dann in den Trockner geben.

Kleidung, die nicht für den Trockner geeignet ist, wie BHs oder Strickpullover, vorher aussortieren und zum Trocknen aufhängen oder liegend trocknen.

Flusensieb

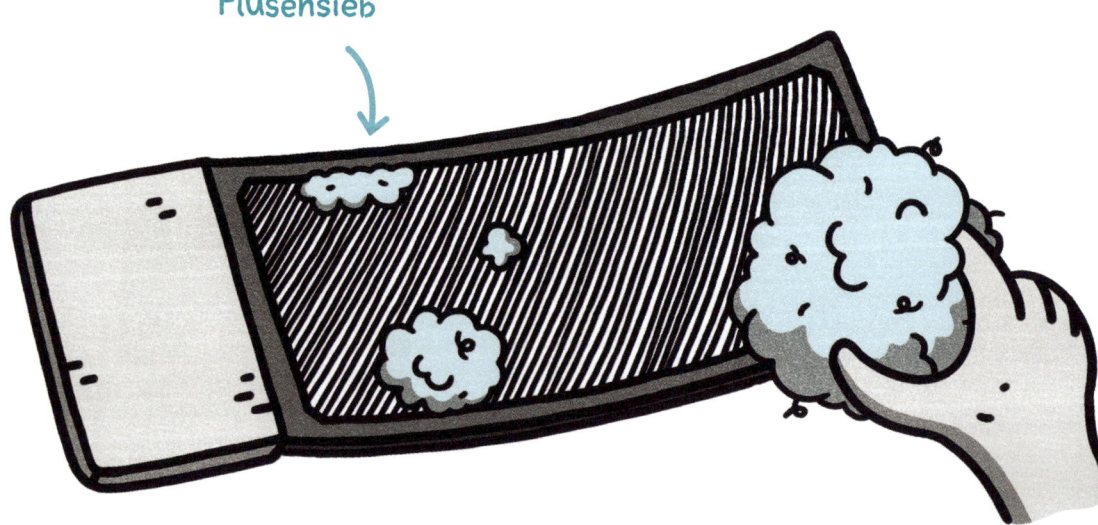

3 Schließ die Tür des Trockners und stell das richtige Programm ein. Frag am besten einen Erwachsenen, wie das funktioniert, denn das ist bei jedem Trockner etwas anders. Schreib wieder ein Merkblatt und häng es in der Nähe des Trockners auf.

heiß   heißer   Grill   Vulkan

4 Nach etwa einer Stunde sollte die Wäsche trocken sein. Nimm sie so schnell wie möglich heraus, weil sie ansonsten im Trockner knittern kann. Leg sie in einen Wäschekorb und trag sie dorthin, wo du die Wäsche zusammenlegen kannst.

5 Mach das Flusensieb sauber, damit der Nächste, der den Trockner benutzt, den ersten Schritt überspringen kann!

MINI-QUIZ!

Du hast den Lieblingswollpulli deiner Mutter in den Trockner getan. Jetzt ist er so klein, dass er fast deiner Rennmaus Speedy passen könnte. Was machst du?

A Du ziehst Speedy den Pullover an und tust so, als wüsstest du nicht, woher er kommt.

B Du verbrennst den Pulli im Kamin.

C Du erklärst deiner Mutter, dass sie aus dem Pulli jetzt tolle Filzprodukte nähen kann (»Gern geschehen, Mom!«).

D Du zeigst ihn deiner Mutter und entschuldigst dich.

DER WÜRDE MIR AUCH STEHEN!

Antwort: D. Aber auch C! Aus verfilzten, eingelaufenen Wollpullovern kann man Hausschuhe, Armstulpen oder Fäustlinge machen.

SO GEHT'S
UMGANG MIT HALB SCHMUTZIGER KLEIDUNG

Unterwäsche oder T-Shirts landen normalerweise im Wäschekorb, wenn man sie einmal getragen hat. Wollpullover oder Jacken müssen dagegen nur selten gewaschen werden.

Kleidungsstücke wie Jeans, Hemden oder Blusen kann man in der Regel öfter als einmal anziehen – nach dem ersten Tragen sind sie dann »halb schmutzig«. Schmeiß sie am besten ungeordnet auf einen Stuhl, damit alles schön knittert und deine Katze es sich darin gemütlich machen kann (Spaaaß!).

Nein, besser ist es, die »halben Sachen« an einen Haken an der Tür oder neben dem Schrank zu hängen und auslüften zu lassen (oder auch draußen). Man kann die Sachen dann noch ein- oder zweimal tragen und danach in den Wäschekorb werfen.

SO GEHT'S
WÄSCHE ZUSAMMENLEGEN

Trockene Kleidung sollte sofort zusammengelegt oder aufgehängt werden, damit sie nicht aussieht, als hätte eine Affenbande darin geschlafen.

* Unterhosen falten und übereinanderstapeln.
* Passende Socken zusammenrollen.
* Hosen, T-Shirts und Sweatshirts zusammenlegen.
* Kleider und Hemden oder Blusen auf Bügel hängen.
* Alles in den Schrank sortieren.

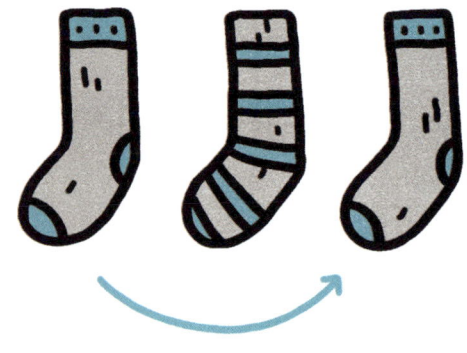

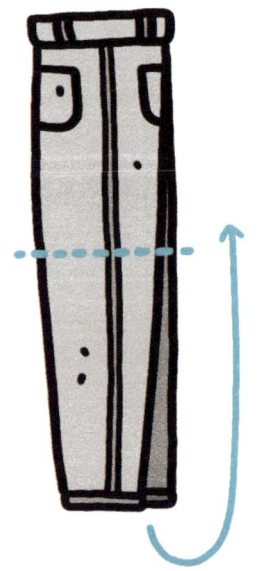

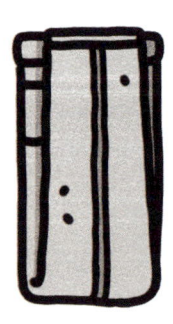

Hosen zusammenlegen: Falte die Hose so, dass die Beine übereinanderliegen. Klapp dann die Unterseite nach oben (falte die Hose vielleicht noch mal, falls sie sonst nicht in den Schrank passt).

T-SHIRTS UND SWEATSHIRTS ZUSAMMENLEGEN

1 Breite sie auf einer Unterlage aus.

3 Klapp die untere Hälfte nach oben.

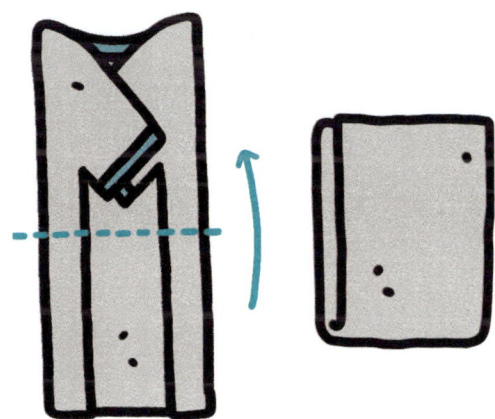

2 Falte beide Ärmel und einen Teil des Seitenteils in die Mitte.

Oder: Roll T-Shirts und Hosen auf, damit sie weniger knittern.

SO GEHT'S
EINE KRAWATTE BINDEN

Es gibt bestimmte festliche Anlässe, bei denen man eine Krawatte trägt. Vielleicht findest du Krawatten aber auch generell cool. Und so bindest du das Ding:

1 Leg die Krawatte um deinen Hals. Das breite Ende muss dabei etwas länger herunterhängen als das schmale Ende.

2 Leg das breite Ende über das schmale Ende.

3 Führ das breite Ende hinter dem schmalen Ende herum.

4 Wiederhol die Schritte 2 und 3. Zieh dann das breite Ende durch die Schlaufe am Hals nach oben.

Schön wär's!

5 Steck das breite Ende durch die vordere Schlaufe.

6 Zieh leicht am schmalen Ende, um den Knoten bis zum Kragen zuzuziehen.

SO GEHT'S
KNÖPFE ANNÄHEN

Ein Knopf ist abgefallen? Dann näh ihn doch wieder an! Wir zeigen dir, wie's geht.

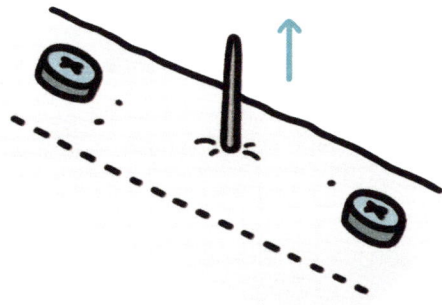

1 Fädle ein etwa 30 cm langes Stück Nähgarn durch eine Nähnadel und verknote ein Ende (siehe Überhandknoten auf Seite 142). Wenn dein Garn sehr dünn ist, kannst du ein längeres Stück nehmen, es doppelt legen und die Enden miteinander verknoten.

2 Jetzt an der Stelle, wo der Knopf sitzen soll, die Nadel von hinten nach vorne durch den Stoff stechen.

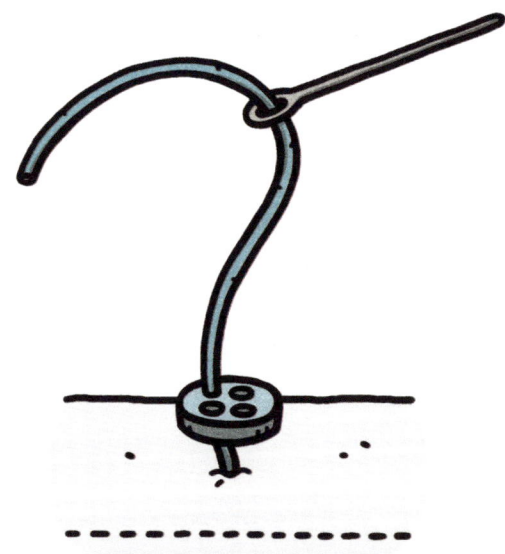

3 Die Nadel durch den Knopf fädeln und den Knopf flach auf den Stoff herunterdrücken.

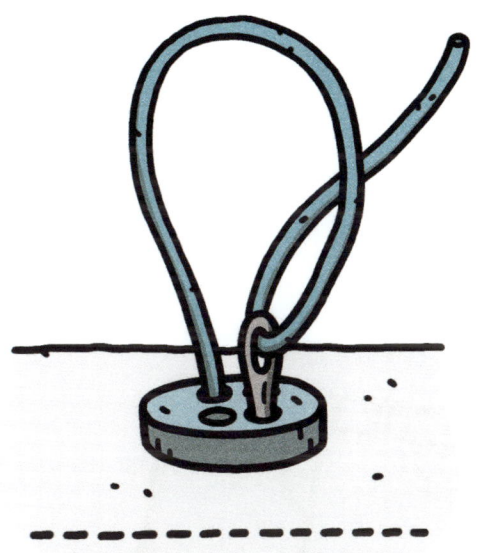

4 Den Knopf am Stoff festhalten und die Nadel von oben durch ein anderes Loch des Knopfs stechen. (Knöpfe haben meist zwei oder vier Löcher – es sei denn, du hast ein sehr seltsames Exemplar erwischt.) Führ die Nadel durch den Stoff nach unten und zieh den Faden fest.

6 Den Faden dicht an der Unterseite des Stoffs verknoten und abschneiden.

5 Das Auf und Ab durch die Löcher wiederholen, bis du mindestens zweimal durch alle Löcher des Knopfs genäht hast.

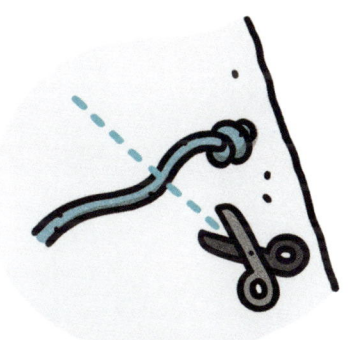

SO GEHT'S
JEANS FLICKEN

Wenn deine Jeans ein Loch hat (also kein gewolltes Loch, weil das gerade modern ist), kannst du dieses Loch flicken. Das macht sogar Spaß – und ist nachhaltig!

1 Schneid aus einer alten Jeans einen Flicken aus, der rundherum etwa 2,5 cm größer ist als das Loch, das du flicken willst.

2 Befestige den Flicken mit Stecknadeln an der Außenseite der Jeans über dem Loch. Achte dabei darauf, nicht bis ganz zur hinteren Stofflage durchzustechen, sondern nur die obere Schicht zu erwischen.

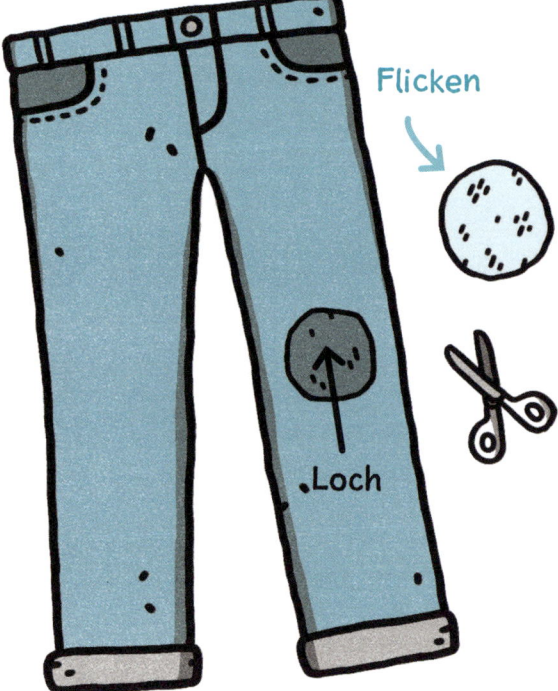

Flicken

.Loch

NEIIIN!

Wenn du durchs ganze Hosenbein nähst, wirst du dich nachher ärgern!

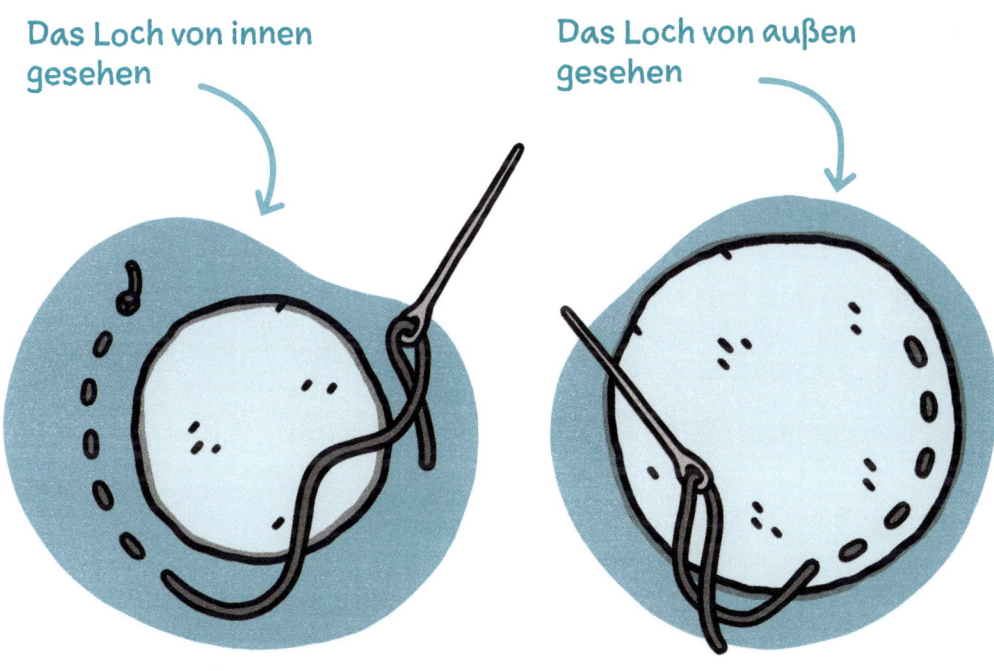

Das Loch von innen gesehen

Das Loch von außen gesehen

3 Zieh die Jeans auf links. Fädle einen dicken Faden (Stickgarn ist gut geeignet) auf deine Nadel und mach am Ende einen Knoten. Näh etwa einen Zentimeter vom Rand entfernt mit einem Geradstich rund um das Loch und durch den Flicken hindurch. Verknote die Enden, schneid den Faden ab und zieh die Hose wieder auf rechts.

4 Noch schöner sieht's aus, wenn du die Kante des Flickens auch noch mit einem Überwendlingsstich oder Schlingstich verschönerst. Du kannst den Flicken auch mit Reihen von Geradstichen oder Kreuzstichen verzieren. Anleitungen für all die Stiche findest du im Internet.

SO GEHT'S
KOFFER PACKEN

Yippiiiie! Du willst verreisen! Was packst du ein?

* 1 Unterhose pro Tag plus 1 extra

* 1 Paar Socken pro Tag

* 1 Schlafanzug oder Nachthemd (für längere Reisen mehr)

* 1 T-Shirt pro Tag

* 1 Hose plus die, die du gerade anhast (für längere Reisen mehr)

* 1 Pulli oder Sweatshirt

* Je nach Reiseziel Kleidung für heißes oder kaltes Wetter plus Sachen wie Badeanzug, Regenjacke, Superheldenumhang oder Federboa – je nach Anlass

* Pflegeartikel wie Zahnbürste, Zahnpasta, Zahnseide, Duschgel, Shampoo, Sonnencreme usw.

* Das Buch, das du gerade liest (und eine Stirnlampe, falls du ein Zimmer mit anderen teilst, die früher schlafen gehen als du)

* Roll deine Kleidung auf, statt sie zu falten, dann entstehen weniger Knitter.

* Pack zusätzliche Schuhe erst in einen Plastikbeutel und dann in den Koffer.

* Wenn du bei jemandem zu Besuch bist, schick anschließend eine Dankeskarte (siehe Seite 34).

CASH, FLOCKEN UND ASCHE

Alles, was du rund ums Geld wissen musst

Kennst du den Spruch »Geld allein macht nicht glücklich«? Das stimmt wahrscheinlich, aber ganz ohne Geld geht es auch nicht. Deshalb ist es gut, sich ein wenig damit auszukennen.

SO GEHT'S
GELD VERDIENEN

Verdien dein eigenes Geld! Zum Beispiel, indem du **Dinge** auf einem Flohmarkt oder Straßenfest verkaufst. Gut geeignet sind selbst gemachte Sachen, denn dann kannst du mehr verdienen, als du ausgibst, und dadurch einen Gewinn erzielen:

* ✳ Limonade oder Kakao
* ✳ Muffins
* ✳ Kekse
* ✳ Popcorn
* ✳ Schmuck
* ✳ Kleidung
* ✳ Bilder und Zeichnungen
* ✳ Die Lego-Sammlung deiner
  Schwester (no way!)

Erkundige dich vorher, welchen Preis man für die einzelnen Dinge verlangen kann. Verteil Flyer in deiner Nachbarschaft, damit alle wissen, was du vorhast. So wirst du im Handumdrehen reich – oder kannst zumindest deine Bubble-Tea-Sucht finanzieren ...

Du kannst anderen auch deine **Hilfe** anbieten und damit etwas Geld verdienen. Mögliche Angebote könnten sein:

* Babysitten
* Haustierbetreuung
* Gassi gehen
* Gartenarbeiten
* Hilfe im Haushalt
* Auf Geburtstagsfeiern Musik machen, zaubern oder Kinder schminken
* Nachhilfe in deinem Lieblingsfach geben
* Unterricht geben in etwas, das du gut kannst (Klavier, Skateboard, Stricken …)

* Älteren Menschen digitale Nachhilfe geben (Umgang mit Smartphones usw.)

Schon gewusst? Auch ehrenamtliche Arbeit ist eine tolle Sache. Du bekommst dafür zwar kein Geld, stattdessen aber das gute Gefühl, etwas wirklich Wichtiges und Sinnvolles zu tun. Das setzt Glückshormone im Körper frei, die dein Immunsystem stärken – diese Arbeit macht dich also gesünder und glücklicher! Und sie macht die Welt ein bisschen besser.

SO GEHT'S
GELD EINTEILEN

Hurra, du hast etwas Geld verdient oder ein Geldgeschenk/ein saftiges Taschengeld bekommen! Und was machst du jetzt damit? Am besten teilst du es auf drei Gläser auf:

SPENDEN **SPAREN** **AUSGEBEN**

Im Spendenglas landet Geld, das du Wohltätigkeits- organisationen oder anderen Menschen geben möchtest (siehe Seite 128).

Im Sparglas sammelst du Geld für etwas, das du dir eines Tages kaufen möchtest, zum Beispiel ein neues Smartphone, ein Auto (in ferner Zukunft) oder eine Karte für eine besondere Veranstaltung. Wenn du viel sparst, solltest du das Geld möglichst auf ein Konto legen (siehe Seite 130).

Das Ausgeben-Glas ist für Sachen, die dich im alltäg- lichen Leben Geld kosten: Kino, Süßigkeiten, Bücher, Spiele (siehe Seite 132). Wenn du für viele unterschiedliche Dinge Geld aus- gibst, hilft es, das Geld weiter aufzuteilen und in beschriftete Umschläge zu stecken: Comics, Bastelsachen, Blumen für Mama (Spaaaß!).

COMICS

HUNDE- LECKERLI

SO GEHT'S
GELD SPENDEN

Das Schönste am Geld-Haben ist das Geld-Verschenken. Es ist ein richtig tolles Gefühl, etwas Gutes zu tun. Zähl am Ende des Jahres das Geld in deinem Spendenglas und entscheide, wem du es spendest:

1 Erstell eine Liste mit Dingen, die dich beschäftigen: Kinderarmut, Umweltverschmutzung, Gleichstellung der Geschlechter, bedrohte Tiere, Naturkatastrophen. Vielleicht möchtest du dich auch bei einem lokalen Radiosender oder einer politischen Organisation engagieren?

2 **Such nach Organisationen,** die sich um das kümmern, was dir am Herzen liegt. Bevor du spendest, solltest du sicherstellen, dass die Organisation seriös ist und mit dem DZI-Siegel ausgezeichnet wurde (www.dzi.de).

3 **Entscheide, ob du dein Geld** auf mehrere Organisationen verteilen oder nur einer Einrichtung spenden möchtest.

5 **Feel happy.**

4 **Bitte einen Erwachsenen** um Hilfe, wenn du online spenden möchtest. Lass den Erwachsenen mit seiner Bankkarte bezahlen und gib ihm das Geld zurück.

Schon gewusst? Neurowissenschaftler des US-amerikanischen Gesundheitsministeriums haben herausgefunden, dass Großzügigkeit das Belohnungszentrum im Gehirn aktiviert (derselbe Bereich, der aufleuchtet, wenn du was Süßes isst oder dein Crush vorbeigeht). Geben macht also glücklich!

SO GEHT'S
GELD SPAREN

Dein Sparglas ist perfekt, um Geld kurzfristig zur Seite zu legen. Wenn du aber zu oft in Versuchung gerätst, das Glas zu plündern (die coolen Sneakers waren runtergesetzt) oder du längere Zeit sparen möchtest, ist es eine gute Idee, dein Geld auf die Bank zu bringen.

Auch Kinder können

bei der Bank ein Konto eröffnen – wahrscheinlich hast du sogar schon eines! Falls nicht, geh in Begleitung eines Erwachsenen und mit deinem Ausweis zu einer Bank in deiner Nähe und eröffne ein Konto.

Lass dich dort beraten, ob ein Sparkonto oder ein Girokonto für dich sinnvoller ist. Und such dir eine Bank aus, die ein kostenloses Kinderkonto anbietet, auf das du auch Bargeld einzahlen kannst.

Geld wächst leider nicht auf Bäumen!

Kassiere Zinsen! Wenn du mehr als 100 Euro hast, solltest du ein Konto eröffnen, bei dem es auch Zinsen gibt. Zinsen sind die Belohnung dafür, dass du der Bank dein Geld anvertraust. Bei einem Betrag von 100 € und einem Zinssatz von 2 % bekommst du am Ende des Jahres 2 € von deiner Bank geschenkt.

Leg dein Geld an! Du hast mehr als 1000 Euro? Dann kannst du dein Geld zum Beispiel für ein Jahr fest anlegen und so mehr Zinsen kassieren. Du könntest auch in Aktien investieren. Dazu musst du dich vorher aber gut informieren und jemanden fragen, der sich damit wirklich auskennt.

* Die Stiftung Warentest hat gute Tipps rund um Konten für Kinder und Jugendliche. Informiere dich auf ihrer Website www.test.de.

* Bei jeder Art von Geldanlage solltest du darauf achten, dass du damit Dinge unterstützt, die dir am Herzen liegen. Stell dir mal vor, du würdest nachträglich herausfinden, dass dein Geld in die Tabakindustrie geflossen ist oder damit etwas gefördert wurde, mit dem du absolut nicht einverstanden bist!

SO GEHT'S
GELD AUSGEBEN

Geld ausgeben ist einfach. Ein bisschen schwerer ist es da schon, Kaufentscheidungen zu treffen, die gut für dich, die Umwelt, andere Menschen und deinen Geldbeutel sind.

Produzier weniger Müll – dadurch sparst du auch Geld! Deine Jeans kannst du mit einem coolen Flicken stopfen (siehe Seite 118), deine alten Flip-Flops mit Glitzerkleber aufpeppen, Bücher aus der Bücherei ausleihen, nachhaltige To-go-Becher verwenden und deinen Eistee selber machen.

Stell dir das Geld, das du ausgibst, als deine Investition in ein bestimmtes Unternehmen, ein besonderes Produkt oder in gute Arbeitsbedingungen in der Fabrik vor. Damit du dich mit dieser Investition wohlfühlst, solltest du möglichst viel über die Hintergründe wissen.

Um mehr über Verschwendung und Müllproduktion in unserer Kultur zu erfahren, empfehle ich dir das Video »The Story of Stuff«, das es auf YouTube auch mit deutschem Text gibt.

Verlass sofort den Laden, wenn du einen »Kaufsuchtsanfall« hast, du also irgendwas kaufen möchtest, was du eigentlich gar nicht brauchst! Dann heißt es, Daumen drücken, dass der Anfall bald aufhört.

Kleb ein Bild von dem Ding, auf das du hinsparst, in dein Portemonnaie – ein Pferd, Konzertkarten, ein Besuch bei deinem besten Freund aus dem Ferienlager. Wenn du Geld ausgeben willst, wird dich das Foto daran erinnern, dass du lieber sparen solltest.

Es macht glücklicher,

Geld für Erlebnisse auszugeben (Reisen, Konzerte, Essen, Zeit mit Freunden) als für Gegenstände. Das konnten Studien nachweisen.

Ich habe einen kleinen Trick für dich, der gegen Kaufrausch hilft. Stell dir Läden einfach als »Museum« vor, in dem man sich die Sachen nur anschauen kann. Bei mir funktioniert's!

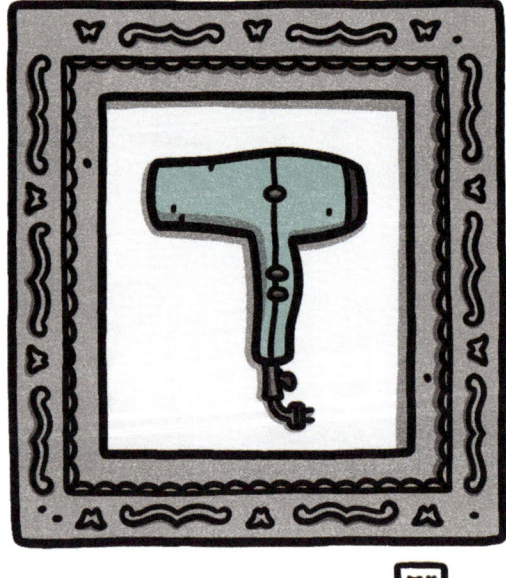

Welcher Grund wäre gut genug, um etwas zu kaufen, das man nicht wirklich braucht?

A Die Werbung sagt, dass du schön, reich und beliebt wirst, wenn du es besitzt/trägst/trinkst.

B Nur wenn du die Sache besitzt, bist du ein richtiges Mädchen/richtiger Junge.

C Wenn du es nicht hast/trägst/trinkst, siehst du aus wie Shrek und hast keine Freunde.

D Es macht dich glücklich, die Sache zu haben/tragen/trinken.

Antwort: D. Du bist viel zu clever, um auf Werbung reinzufallen, die dich für dumm verkaufen will und davon ausgeht, dass du dich nur dafür interessierst, was andere von dir denken. Tja, Pech, dass sie jetzt schon Unsummen für diese Werbung ausgegeben haben! Hahaha!

EINE BANKKARTE VERWENDEN

Wenn du ein Kinder- oder Jugendkonto mit einer Bankkarte hast, kannst du bargeldlos bezahlen oder Geld abheben (direkt in der Bank oder am Geldautomaten). Du kannst aber nur das Geld abheben, das auf dein Konto eingezahlt wurde, und kannst dein Konto nicht überziehen, wie es die meisten Erwachsenen dürfen. Auf diese Weise machst du keine Schulden bei der Bank und musst auch keine Zinsen zahlen.

Es gibt zwei verschiedene Karten:

* Die eine nennt sich Girocard oder Debitkarte. Wenn du mit dieser Karte bezahlst, wird der Betrag, den du ausgibst, von dem Geld abgezogen, das du auf dein Konto eingezahlt hast.

* Die andere ist eine Prepaid-Kreditkarte und funktioniert ein bisschen wie ein Geschenkgutschein. Du oder deine Eltern können Geld auf die Karte laden, und du kannst nur so viel ausgeben, wie du auf der Karte hast.

BANK DEBIT
1234 5678 9876 5432
12/32
DEIN NAME

1 Wenn du an der Kasse etwas mit deiner Karte bezahlen möchtest, hältst du sie am Einlesegerät über das wellenartige Zeichen oder steckst sie in den vorgesehenen Schlitz.

2 Die Karte wird entweder sofort akzeptiert, oder du musst noch deinen PIN-Code (wird von der Bank vorgegeben oder von dir bestimmt) eingeben, um zu beweisen, dass du der Eigentümer der Karte bist.

VIELEN DANK!

Schon gewusst?
Mehr als 10 Prozent der Menschen wählen »1234« als ihren PIN-Code. Du bist aber etwas kreativer, oder?

3 Bevor du gehst, solltest du der Person an der Kasse in die Augen schauen und dich bedanken.

SO GEHT'S
TRINKGELD GEBEN

Immer, wenn du im Restaurant einen Taco isst, dir eine Pizza nach Hause liefern lässt oder nach einer Party mit dem Taxi nach Hause fährst, solltest du etwas Trinkgeld springen lassen. Mit dem Trinkgeld zeigst du, dass du mit der Dienstleistung zufrieden warst. Es gibt keinen Zwang, aber normalerweise gibt man dem Kellner, dem Friseur oder der Taxifahrerin etwas Trinkgeld als Anerkennung. Es sei denn, man war sehr unzufrieden mit dem Service.

Normalerweise rechnet man 10 Prozent des Rechnungsbetrags als Trinkgeld. Dafür gibt es einen Trick: Schneid einfach die letzte Null ab und schieb das Komma um eine Stelle nach links! Wenn dein Taco 5,00 Euro kostet, wären 10 Prozent somit 0,50 Euro oder 50 Cent Trinkgeld. Bei einer krummen Zahl, wie 4,80 Euro, rundest du einfach auf 5,00 Euro auf – so ist es leichter zu rechnen.

5 € Gesamtpreis

10 % = 1/10
= 0,50 €
oder
50 Cent

Eine Ausnahme ist

das Trinkgeld für Lieferdienste. Hier solltest du für eine schön heiße, knusprige Pizza immer 1–2 Euro geben, auch wenn das vielleicht mehr als 10 Prozent des Rechnungsbetrags ausmacht.

Wenn beim Friseur eine

Box für Trinkgeld steht, solltest du etwas Kleingeld reinwerfen. Hier sind 5–10 Prozent angemessen. Bei einem Haarschnitt für 20 Euro könntest du also 1–2 Euro geben.

Trinkgeld für Lieferdienste

NÜTZLICHE LIFE SKILLS

Wichtiges Basiswissen für viele Lebenslagen

Es gibt Skills, die du im Laufe deines Lebens immer wieder brauchen wirst. Ich habe ein paar davon in diesem Kapitel zusammengestellt, in dem sich alles ums Reparieren und Improvisieren dreht.

SO GEHT'S
DIE WICHTIGSTEN KNOTEN

Bei Knoten denkst du vielleicht vor allem ans Schuhezubinden, aber es gibt viele Situationen, in denen es wichtig ist, den passenden Knoten zu kennen. Besonders hilfreich sind sie beim Segeln, Zelten, Klettern oder Bergsteigen.

ÜBERHANDKNOTEN

Der Überhandknoten bildet eine Art Stopper am Ende eines Seils, einer Schnur oder eines Fadens und ist die Grundlage für viele andere Knoten. Man braucht ihn auch, um zu verhindern, dass sich ein Seil aufdröselt oder dass Perlen von einer Schnur fallen.

Bilde mit dem Seil eine Schlinge und führ das Seilende hindurch.

Zieh den Knoten gut fest.

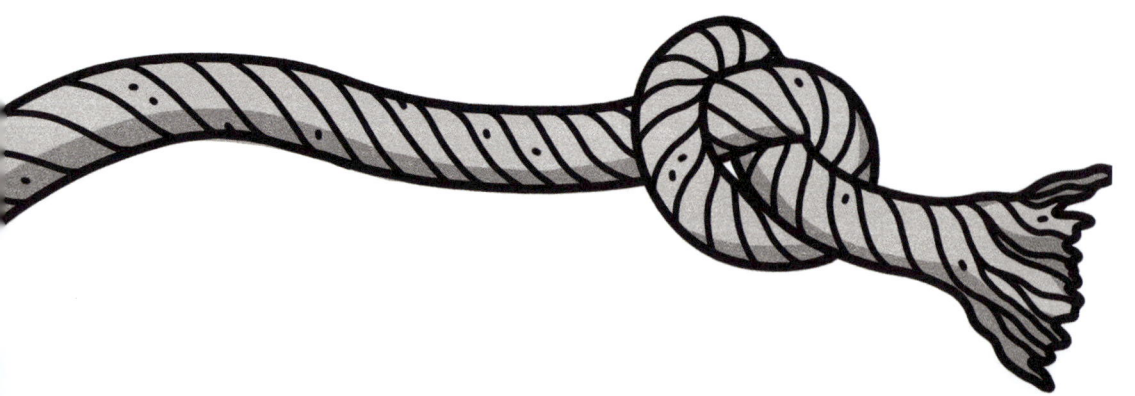

KREUZKNOTEN

Mit einem Kreuzknoten lassen sich Fäden, Seile oder Schnüre miteinander verbinden. Besonders wichtig ist er für Segler und Pfadfinder, aber auch bei Handarbeiten, wie Makramee, kommt er zum Einsatz. Nicht geeignet ist er allerdings, wenn er hohen Belastungen standhalten muss.

Halt ein Seilende in jeder Hand. Führ das graue Ende über und unter dem grünen Seil hindurch.

Leg das graue Ende dann über das grüne Ende.

Führ das graue Seil unter und über dem grünen Seil hindurch. Zieh beide Enden gleichzeitig fest.

WEBELEINENSTEK

Diesen Knoten verwenden Segler oder Bergsteiger, um ein Seil an einem Mast oder Pfahl festzubinden.

Führ ein Seilende um einen Mast, Pfahl oder Ast und kreuze dabei das Seil.

Wickle das Seilende noch einmal um den Mast herum.

Ziehe dann das Seilende unter der entstandenen Schlaufe durch und zieh es fest.

ZOPF FLECHTEN

O. k., ein Zopf ist kein Knoten. Trotzdem sollte jeder wissen, wie man ihn flicht.

Erst einmal brauchst du drei gleich dicke Stränge – Haare, Schnüre oder was immer du flechten möchtest. Binde die Enden mit Klebeband oder einem Gummiband zusammen (bei Haaren übernimmt das die Kopfhaut).

Leg einen äußeren Strang, zum Beispiel den rechten, über den mittleren Strang.

Führ dann den linken Strang über den neuen Mittelstrang.

Leg dann immer wieder abwechselnd den rechten und linken Strang über den Mittelstrang. Am Schluss die Enden verknoten – Haare natürlich mit einem Haarband zusammenbinden.

SO GEHT'S
FEUER MACHEN

Egal, ob du ein Lagerfeuer machen, den Kamin anzünden oder einen Holzofen anfeuern möchtest – die Grundlagen des Feuermachens sind immer gleich.

Bei einem Lagerfeuer brauchst du einen Eimer mit Wasser, um es zu löschen.

Leg dein Anzündmittel nach Wahl in die Mitte der Feuerstelle.

Verteil Anzündhölzer um und auf dem Anzündmittel.

Stell das Brennholz aufrecht rund um den Kern aus Anzündhölzern.

1 Stell bei einem Lagerfeuer zuerst sicher, ob es an dieser Stelle erlaubt ist, ein Feuer zu machen. Such dir am besten eine ausgewiesene Feuerstelle aus. Ein Eimer mit Wasser ist ein absolutes Muss, damit du das Feuer löschen kannst, bevor du wieder gehst. Wenn du das Feuer drinnen machst, solltest du wissen, wo der Feuerlöscher zu finden ist.

3 Bau deine Anzündhölzer in Form einer umgedrehten Eistüte rund um dein Anzündmittel auf. Nicht zu dicht packen, denn Feuer braucht Luft, um sich zu entwickeln. Spar ein paar Anzündhölzer für später auf, um das Feuer zu füttern, wenn es frisch angezündet ist.

2 Such dir Materialien zusammen, die leicht entzündbar sind: zerknülltes Zeitungspapier, zerkleinerte Rinde, trockene Tannennadeln oder auch Feueranzünder. Staple die Anzündmittel in der Mitte der Feuerstelle auf.

4 Stell rund um den Kegel aus Anzündholz mittelgroße Brennholzscheite auf. Lehn die Scheite oben aneinander, damit sie nicht umfallen. Spar die großen Scheite für später auf.

5 Zünd das Anzündmaterial mit einem Streichholz oder einem Feuerzeug an. Wenn das Anzündholz nicht gleich brennt, kannst du das Feuer durch vorsichtiges Pusten oder Wedeln mit einem Stück Pappe anfachen.

6 Leg nach Bedarf mehr Anzündhölzer auf, bis ein schönes Feuer aufflackert. Sobald die Holzscheite Feuer gefangen haben, kannst du die großen Scheite auflegen.

7 Mach Stockbrot, sing Lieder oder erzähl Gruselgeschichten.

8 Wenn das Lagerfeuer beendet ist, solltest du Wasser auf die Flammen gießen, bis sie erloschen sind. Dann die Asche mit einem Stock durchrühren und mehr Wasser daraufschütten, bis alles abgekühlt ist. Feuer im Kamin oder Holzofen nie mit Wasser löschen, sondern einfach ausbrennen lassen. Denk dran: offenes Feuer nicht unbeobachtet lassen!

SO GEHT'S
BATTERIEN WECHSELN

Oh nein, die Batterien in deiner Lichterkette, deinem Taschenrechner oder im Rauchmelder sind leer! Kein Problem, leg einfach neue ein!

1 **Finde zuerst heraus, wo sich die Batterien verstecken.** Normalerweise sitzen sie hinter einer Klappe in einem kleinen Fach. Bei Taschenlampen muss man meist den hinteren Teil abschrauben.

2 **Bevor du die Batterien rausnimmst,** solltest du dir genau anschauen, wie sie angeordnet sind. Die neuen Batterien musst du genau so einlegen. Bei Knopfzellen ist es wichtig, welche Seite oben und welche unten ist. Wenn mehrere Batterien eingelegt sind, liegen sie oft in unterschiedlichen Richtungen – so als würden Geschwister mit dem Kopf und den Füßen in entgegengesetzter Richtung im Bett schlafen. Das Batterieende mit dem Knubbel (Pluspol) drückt gegen eine Platte, und das andere Ende (Minuspol) drückt gegen eine Feder. Der quaderförmige 9-Volt-Block hat jedoch druckknopfförmige Kontakte.

3 **Nimm die Batterien raus,** und schau dir an, um welche Art/Größe es sich handelt. Hast du die richtige Anzahl dieser Batterien (oder auch wiederaufladbare Batterien) zu Hause?

4 **Falls ja, leg die neuen Batterien ein.** Dabei ist wichtig, dass alle gleich sind – keine alten und neuen sowie Einweg- und wiederaufladbare Batterien mischen.

5 Schließ die Klappe.

GÄNGIGE BATTERIEGRÖSSEN

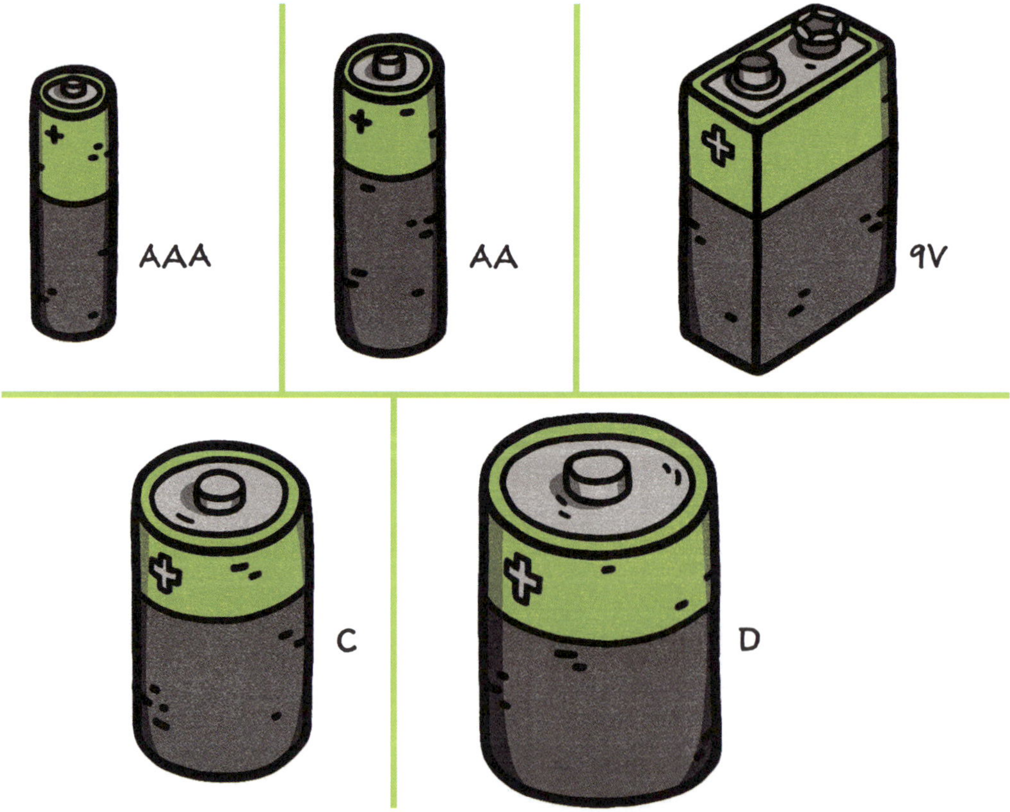

AAA AA 9V

C D

MINI-QUIZ!

Du hast die Batterien in deiner Stirnlampe ausgetauscht, weil das Licht sehr schwach war. Die alten Batterien funktionieren aber noch ein bisschen. Was nun?

A Verleih dir selbst einen Orden.

B Leg sie zurück in die Packung mit den neuen Batterien. Irgendjemand wird sich bestimmt freuen, wenn der Taschenrechner mitten in einer wichtigen Mathearbeit den Geist aufgibt.

C Lass sie einfach auf dem Tisch liegen, irgendwer wird sich schon darum kümmern.

D Wiederaufladbare Batterien solltest du einfach aufladen. Fast entladene Einwegbatterien kannst du wegwerfen, aber nicht in den Hausmüll! Überall, wo man Batterien kaufen kann, gibt es auch Recycling-Sammelstellen für alte Batterien.

Antwort: D. Und danach natürlich A.

SO GEHT'S
SCHRAUBE ANZIEHEN

Bei dir ist eine Schraube locker? Also am Stuhl oder Bücherregal (hehe)? Dann zieh sie fest! Um für diese Aufgabe das richtige Werkzeug zu finden, musst du dir zuerst den Schraubenkopf genau ansehen.

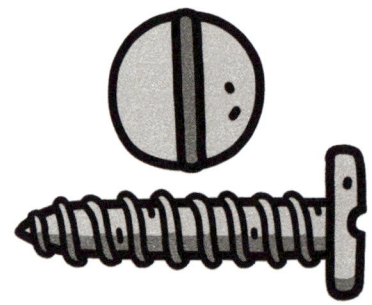

Diese Schraube hat einen Senkkopf (flach) und einen Schlitz.

Diese Schraube hat einen Halbrundkopf und ein Kreuz.

Such dir jetzt den passenden Schraubenzieher: einen Schlitzschraubenzieher für die Schraube mit dem Schlitz und einen Kreuzschlitzschraubenzieher (langes Wort) für das Kreuz.

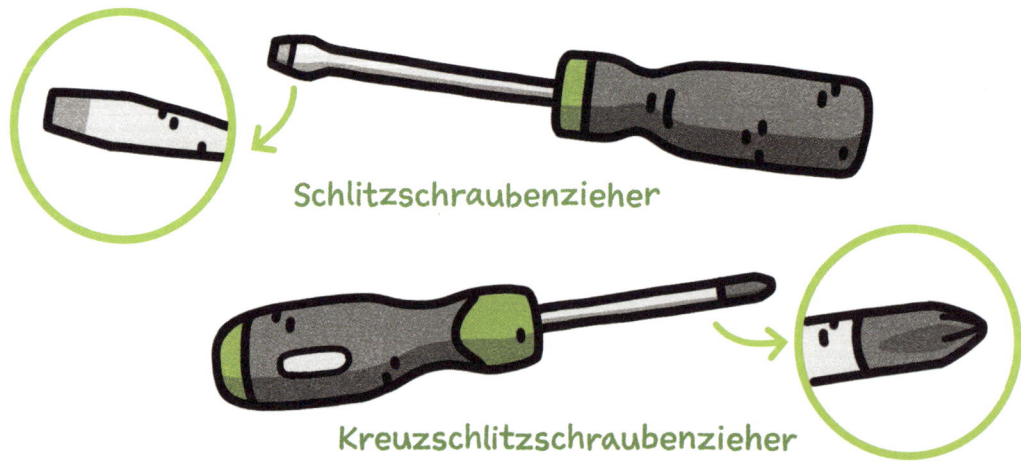

Schlitzschraubenzieher

Kreuzschlitzschraubenzieher

Inbusschlüssel

Innensechskant

Du hast den passenden Schraubenzieher gefunden? Dann steck die Spitze in den Schlitz oder das Kreuz und dreh nach rechts, um die Schraube festzuziehen.

Es gibt eine gute Eselsbrücke, um sich zu merken, in welche Richtung man Schrauben und Glühbirnen drehen muss: rechts ranziehen/links lösen.

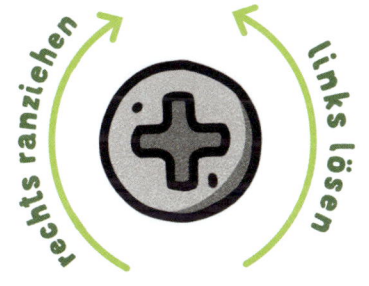

Schrauben am Fahrrad, Skateboard oder Regal haben oft weder einen Schlitz noch ein Kreuz, sondern stattdessen ein kleines Sechseck. Für dieses Innensechskant braucht man einen Inbusschlüssel (einen L-förmigen Metallstab mit einem Sechskantkopf an beiden Seiten). Es gibt Inbusse aber auch als Klapp-Set, das aussieht wie ein Schweizer Taschenmesser und viele verschiedene Größen enthält. Sobald du die passende Größe gefunden hast, kannst du die Schraube anziehen oder lösen.

SO GEHT'S
SCHWEIZER TASCHEN-MESSER VERWENDEN

Du hast alle wichtigen Werkzeuge am liebsten ständig bei dir oder bist ein-gefleischter Outdoor-Fan? Dann ist ein Schweizer Taschenmesser dein absolutes Must-have. Wir haben ein paar Tipps für dich, wie du das Messer sicher verwendest und keine Verletzungen (bei dir und anderen) riskierst.

Katzenkopf · Korkenzieher · Ahle · große Klinge · Schlüsselring · Zahnstocher und/oder Pinzette · Dosenöffner · Schlitz-schrauben-zieher 3 mm · Säge · kleine Klinge · Flaschenöffner · Schlitz-schrauben-zieher 6 mm

Die große Klinge ist perfekt zum Schnitzen (immer von dir weg arbeiten).

Mit der Ahle kannst du Löcher in Holz oder Leder stechen.

Der Dosenöffner öffnet dir jede Konservendose.

* Immer nur ein Werkzeug oder eine Klinge auf einmal aufklappen.

* Zum Öffnen einer Klinge oder eines Werkzeugs den Mittelteil des Messers mit der Hand festhalten, die nicht deine Schreibhand ist. Den Daumennagel der Schreibhand in die kleine Rille am Werkzeug stecken und die Klinge vorsichtig so weit herausziehen, dass man sie sicher greifen kann. Dann vollständig aufklappen.

* Niemals die scharfe Seite der Klinge anfassen.

* Immer vom Körper weg schnitzen, schneiden oder stechen, damit nichts passiert, wenn das Messer abrutscht.

* Die Klinge oder das Werkzeug vor dem Zuklappen reinigen (Pflanzensaft entfernt man mit Reinigungsalkohol und einem Wattebausch). Zum Zuklappen den Mittelteil des Messers wieder mit einer Hand festhalten und alle Finger vom Schlitz fernhalten, in den das Werkzeug wieder eingeführt wird. Mit dem Daumen der anderen Hand auf die stumpfe Seite der Klinge drücken, bis sie im Schlitz einrastet.

Schon gewusst?

Das »Wenger Giant«-Messer hält mit 141 Funktionen den Weltrekord im *Guinness-Buch der Rekorde.*

SO GEHT'S
STADTPLAN LESEN

Du fragst dich, wozu du dich mit Stadtplänen aus Papier rumschlagen sollst, wo es doch Smartphones gibt? Nicht nur, dass dein Akku leer sein oder das GPS-Signal verschwinden könnte – so ein Plan hilft dir zu verstehen, wo in der Welt du dich gerade befindest. Plan deine Route, bevor du spazieren gehst, Fahrrad fährst oder jemandem im Auto beim Navigieren hilfst.

LEGENDE

BAHN

RADWEG

SEHENS-WERT

1 cm

━━━

500 m

Maßstab

1 Hol dir einen Stadtplan bei der Touristeninformation oder besorg dir in der Buchhandlung einen Straßenatlas.

2 Lies die Legende,

also die Erklärung der Symbole in der Karte.

3 Welchen Maßstab

hat die Karte? Damit kannst du berechnen, wie weit gewisse Dinge in der Realität entfernt sind.

4 Such deinen Standort auf der Karte.

Am besten findest du das heraus, wenn du nach dem nächsten Straßenschild oder einer Sehenswürdigkeit Ausschau hältst.

5 Plan deine Route!

Wohin soll es gehen? Möchtest du eine Sehenswürdigkeit anschauen oder möglichst an keinen lauten Hauptstraßen entlanggehen? Wenn du Rad fährst, such die besten Radwege raus.

6

Keine Panik, falls **du dich verirrst!** Guck noch mal auf die Karte und fang von vorne an!

Beim Wandern sind topografische Karten praktisch, die ein 3-D-Gefühl der Landschaft vermitteln. Berge werden durch kreisförmige Höhenlinien angezeigt: Je enger die Linien beieinander liegen, desto steiler geht es bergauf oder bergab. Den Unterschied zwischen bergauf und bergab erkennst du an der Zahl neben der Linie. Sie gibt die Höhe in Metern an: Bei steigenden Zahlen geht es bergauf, bei sinkenden Zahlen bergab.

SO GEHT'S
GLÜCKLICH SEIN

Kein Mensch ist in jeder Sekunde seines Lebens glücklich – und das muss man auch nicht. Es gibt aber Tricks, mit denen man die glücklichen Momente im Leben und das Gefühl von Verbundenheit oder Sinnhaftigkeit vergrößern kann.

Leb gesund. Nährstoffreiches Essen und ausreichend Schlaf machen dich fitter und glücklicher. Weniger Kartoffelchips! Mehr Grünkohlchips!

Sei dankbar. Es gibt dir ein gutes Gefühl, wenn du oft darüber nachdenkst, wofür du dankbar sein kannst: für liebe Menschen in deiner Nähe, dein Haustier, deine schönen Zimmerpflanzen. Dankbarkeit kurbelt die Glückshormonproduktion im Gehirn an!

Verbring viel Zeit draußen und in der Natur. Geh zu Fuß oder fahr Fahrrad, statt dich mit dem Auto kutschieren zu lassen. Mach einen Abendspaziergang mit einer Stirnlampe und genieß den Sternenhimmel!

Sei großzügig mit deiner Zeit, deinem Geld und deiner Zuneigung. Geben macht glücklich und das, was du gibst, kommt irgendwie auch wieder zu dir zurück.

Mach etwas mit deinen Händen. Neurowissenschaftler haben herausgefunden, dass körperliche Aktivitäten, die ein greifbares, nützliches Ergebnis haben (Stricken, Holzhacken oder Kochen) Stoffe im Körper freisetzen, die das Wohlbefinden steigern.

Leg das Handy häufiger weg. Sich zu lange in sozialen Medien oder im Internet zu bewegen, kann sich negativ auf dein Wohlbefinden auswirken.

Grüble nicht zu lange über Fehler und Missgeschicke nach. Mach einfach das, was jetzt gerade notwendig ist: Entschuldige dich, lös das Problem oder lern aus dem, was schiefgelaufen ist. Vergib dir dann selbst und mach einfach weiter.

Kämpf gegen Ungerechtigkeiten. Setz dich für Kinder an deiner Schule ein, die einsam sind oder gemobbt werden. Kämpf gegen Diskriminierung. Und setz dich für Menschen in Not ein. Schreib an einen Politiker. Geh auf die Straße. Spende Geld. Bild dir deine eigene Meinung.

Lächle mehr! Auch wenn dir nicht danach zumute ist, wird es dir automatisch besser gehen.

DANKE, DANKE, TAUSEND DANK!

Ich danke meinen Freunden und meiner Familie – ihr seid alles für mich. Mein besonderer Dank gilt meinen Kindern Ben und Birdy. Birdys eigensinnige Haltung, sich nichts erklären lassen zu wollen, hat mich erst dazu bewogen, dieses Buch zu schreiben. Ben hat dann – gemeinsam mit Birdy – erste Entwürfe des Buchs auf geduldige, clevere und witzige Weise verbessert. Ich danke auch meinem liebenswerten Mann Michael, der unser Leben glücklicher, lustiger und einfacher macht. Danke an meinen klugen, humorvollen Freund Ron Lieber, der netterweise das Geldkapitel redigiert hat.

Die wundervollen Illustrationen von Debbie Fong drücken genau das aus, was ich mir für dieses Buch gewünscht habe. Vielen Dank dafür, Debbie!

Ich danke all den unglaublich talentierten Mitarbeiterinnen und Mitarbeitern im Storey-Verlag für ihre wertvolle Unterstützung: Deborah Balmuth und Deanna Cook haben sich mit großer Begeisterung und viel Gespür für meine Ideen eingesetzt. Michal Lumsden hat das Buch mit viel Charme, Humor und einem geschulten Auge lektoriert. Alee Moncy sprudelt nur so vor Ideen und bringt die Talente der anderen zum Leuchten.

Alethea Morrison ist eine großartige Grafikerin, und Mars Vilaubi hat mit guter Laune hervorragende Fotos und Videos gemacht.

Schließlich danke ich euch, liebe Leserinnen und Leser, dass ihr Neues lernen und euch von eurer besten Seite zeigen wollt. So können wir die Welt verändern!